SOMBRAS

NADA

MÁS

CÉSAR SILVA MÁRQUEZ

SOMBRAS

NADA

MÁS

HarperCollins

HarperCollins*México*

© 2021, HarperCollins México, S.A. de C.V.
Publicado por HarperCollins México.
Insurgentes Sur No. 730, 2º piso, Colonia del Valle.
03100, Ciudad de México.

Sombras nada más
D.R. © 2021 por César Silva Márquez
Publicado mediante acuerdo con VF Agencia Literaria

Diseño de forros: Genoveva Saavedra / acidita
Diseño de interiores: Felipe López/Grafia Editores
Cuidado de la edición: María Teresa Solana

Fotografía de portada: Tom Kelley Archive/istockphoto.com

Este libro se escribió con el apoyo del Sistema Nacional de Creadores de Arte (SNCA).

ISBN: 978-1-4002-4523-9

Primera edición: agosto de 2023

A mi amigo Francisco G. Haghenbeck

Con mi agradecimiento para Édgar Krauss,
Magali Velasco y Verónica Flores.

El mundo es una locura y yo imaginando películas incendiarias.

A un año de que Rebeca Alcalá desapareciera de mi vida, de vez en cuando me descubro soñando con ella. Alrededor de las cuatro de la mañana un ruido en la calle me despierta, me asomo por la ventana y distingo una silueta siniestra bajo el arbotante de la esquina. Está muy oscuro para saber quién es, pero sé que es ella, con su cabello largo y rizado y su aroma a chocolate, vestida con su gabardina negra. Entonces abro los ojos e interrogo al reloj. Las cuatro en punto. Apenas si he dormido un par de horas desde que llegué del periódico. Siento la recámara vasta y la cama demasiado alta. Miro hacia el baño en tinieblas y sé que Rebeca está ahí cubierta con las manos de la penumbra, y pienso cómo fue posible que me dejara solo en esta ciudad que se desbarata a pedazos, y apenas le voy a pedir que se acueste a mi lado cuando despierto y de nuevo miro el reloj y son las cuatro con diez minutos. He dormido poco porque no hace mucho que llegué del periódico. Estoy a punto de llamar a Rossana, pero no me atrevo y me quedo viendo la hora en la pantalla del celular hasta que se pone oscura y los ruidos lejanos de los camiones en la distancia o el ladrido de algún perro me saca del trance para decirme que es necesario cerrar los ojos un momento y dormir.

~

Hace poco, en el Puente Internacional Córdova-Américas detuvieron a un par de jóvenes con la cajuela llena de mariguana. Se dio la noticia inmediatamente después de su captura, y la nota no trascendió más. Entonces, mientras me comía un sándwich de jamón de pavo y una cerveza Guinness, algo me hizo clic en la cabeza. Dos jóvenes de mi edad, no más de veintiséis años a lo mucho, aparentemente de clase alta y en un buen auto, trataron de pasar el Puente Internacional con tanta droga como si no fueran a ser revisados. Aún más: venían de la Ciudad de México. Así que durante unos días recorrieron medio país cargados sin ser detenidos, como si no fuera suficiente con todo lo que sucede en este país. Le estuve dando vueltas al asunto un buen rato, poniendo la imagen de Rebeca al fondo de mis pensamientos. Llamé al jefe de información del periódico y le pregunté sobre los muchachos.

—Unos hípsters idiotas —me dijo.

—¿Y qué más?

—Nada más sé eso. ¿Tienes alguna idea de lo que está pasando con ellos? —dijo, y como respuesta colgué.

El asunto me entretuvo un par de semanas. Fui a la cárcel del condado de El Paso, cruzando el río, para tratar de entrevistar a los muchachos, pero no me fue posible hacerlo en ese momento por razones burocráticas. Y mientras eso sucedía pensé en mis propios años atrapado en los tóxicos paraísos artificiales, días aciagos en que perdí amigos, ya fuera por sobredosis o torturados hasta la muerte por trabajar para el bando contrario de pushadores acomodando droga.

Esos años los recordaba bien: más de cien muertos diarios ciertos días, menos de cinco diarios desde unos años atrás. El centro de la ciudad ya luce distinto, pero aun así en el aire se respira un tufo de guerra y muerte, como ese aire enrarecido y cargado de electricidad antes de la lluvia, pero sin la belleza de la arena mojada, y con un hedor fantasmal ante el que uno tiene que cerrar los ojos y apagarse de cierta manera para percibirlo muy adentro.

Y mientras pensaba en todo esto llamé a mis compañeros de la Ciudad de México y les pedí que me explicaran el asunto con detenimiento. Mi amigo Andrés Quintana no sabía un carajo, pero me remitió con Carlos Sifuentes, el cual a su vez me envió con Andrea Rodríguez, y fue así como poco a poco até cabos. El asunto era sencillo: a dos jóvenes adinerados, dueños de bares clandestinos para fumar mariguana en la Condesa y la Roma se les hizo fácil llevar la idea al otro lado. Jóvenes emprendedores y sin mucho cerebro.

Regresé a El Paso para entrevistarlos y solo uno dijo querer hablar conmigo. Era muy delgado y barbón. El pelo lo llevaba a rape. Se veía casi indemne; aparentemente le evitaron la bienvenida de parte de los reclusos o los celadores; muy diferente de la posible golpiza de iniciación que habría recibido en México. No me dijo nada importante. Solo miraba al suelo y repetía que no era justo. Quizá yo hubiera dicho lo mismo porque no saldría de ahí en por lo menos seis años. Ya cuando nos despedíamos dijo algo que me hizo pensar.

—Que Dios te ayude —me dijo.

Me quedé a medio pelo de levantarme de la silla.

—¿Dios? —le pregunté.

Él respondió con una mirada llena de certeza.

Apreté los labios y recordé los muertos que había visto en los últimos dos meses; entre ellos una niña de dos años violada por su padrastro. Pensé en Rebeca y en mis amigos muertos, en el Topo hace años, y en Samuel Benítez, de quien solo se recuperó la cabeza el invierno pasado y cuyo fantasma me hablaba por las noches.

No dije nada, solo miré sus ojos y suspiré. Me levanté y salí, pero antes me detuve en la puerta y me volví para encararlo. Él ahí, con su vestimenta naranja, como si estuviera en medio de una película de detectives, y yo del otro lado, como el yonqui que soy y que siempre camina en la cuerda floja, listo para caer de nuevo sobre la blancura de la nieve que está tan solo a un par de centímetros de él.

∽

El agente Julio Pastrana está a mi lado moliendo a golpes a los malhechores y yo solo miro con detenimiento y aprieto las manos, igual que un copiloto ansioso y con miedo que mueve el pie por instinto para frenar cuando cree que es necesario. Aunque huía de él sabía que tarde o temprano me lo volvería a topar, volveríamos a platicar del terrible aire de primavera, de la lluvia tempestuosa de verano, de las hojas que caen en cascada en el otoño, y de las sombras frías que cubren los patios y las gradas de los campos secos de futbol. Sombras, nada más, que caen sobre las calles viejas, las escuelas frías y la gente con sus prisas que trata de ahogar el sueño con desabridos vasos de café en su ir y venir a sus oficinas.

El mismo agente Pastrana que me había dado noticias escuetas, pero noticias al fin, de Rebeca Alcalá. Mejor dicho, me había indicado el buen camino. Y cuando supe su historia real y sus orígenes fue cuando los sueños en donde ella aparecía dejaron de ser tan frecuentes.

Y mientras la ciudad se limpia con el frío quemante del invierno, la vida sigue, y yo apenas sueño con Rebeca Alcalá, apenas duermo, y sé que ya no soy tan joven y que ahí afuera la gente cree en Dios y reza por un futuro mejor, pero ninguno de los dos se me ha manifestado.

Me es imposible pensar en una muerte esbelta que viste corsé; para mí que lleva peto de mezclilla y botas de soldado y no fuma porque no tiene tiempo y quisiera un pase y se truena los nudillos por el ansia, pero nunca se cansa de ver a los ojos de los que ya están en el umbral de su reino.

El agente Julio Pastrana se encontraba atento al mundo en el asiento de su auto sobre la calle André Breton en la colonia El Futuro. Como el frío le calaba, llevaba puestos sus lentes oscuros. Su boca era una línea. Apenas si se notaba su resuello, como si fuera un autómata esperando entrar en acción.

Eran las nueve de la noche; pronto la temperatura descendería a menos cinco grados. El frío era la única debilidad que tenía Pastrana. Lo aletargaba, como si le faltara aceite en las articulaciones. Pero todavía a esa hora se encontraba bien. Tomó el termo rojo del asiento del pasajero y lo sopesó. Habría para una o dos tazas más de café. Aprovechó el movimiento para mirarse los nudillos de la mano derecha inflados. Abrió y cerró el puño un par de veces. Un color violáceo se iba extendiendo al dedo anular.

"Chingao", dijo. Chasqueó la lengua como si estuviera programado para tal cosa, como un actor de reparto en escena. Luego regresó la mirada a la casa con el número tres en color negro a unos doscientos metros de distancia. Una casa de un solo piso, blanca con rejas negras.

Cruzando la calle, frente a él había un parque que tenía una cancha de basquetbol. En la entrada un par de jóvenes fumaban. De vez en cuando miraban a los lados, como esperando algo; luego de un rato un muchacho menor que ellos se fue acercando. Desde donde el agente se encontraba era imposible que lo vieran. Detuvieron al incauto. Uno de ellos, el de cabello a rape, lo empujó contra la reja.

"Chingao", dijo Pastrana, pero no se movió.

El de cabello corto levantó la rodilla y la estrelló contra la entrepierna del joven, derrumbándolo.

Pastrana midió la distancia. Calculó el tiempo que tardaría en llegar hasta ellos y el tiempo en llegar del resto de la pandilla si la situación se salía de control. Abrió la guantera y tomó el arma, pero de inmediato la soltó. Cerró la guantera, suspiró y abrió la puerta del auto. No había calculado el golpe del frío; su cuerpo lo resintió: engranes amarrados, bandas tensas.

"Chingao", dijo de nuevo mientras avanzaba. Por un momento supuso que no iba a llegar a tiempo a la pequeña trifulca.

Cruzó la calle y subió a la banqueta. Durante un segundo miró hacia atrás, hacia lo cálido de su auto, pero ya escuchaba demasiado cerca los golpes que le encajaban al muchacho. Se apresuró, dobló en la esquina y se colocó frente ellos.

—Ey —masculló, con una voz más ronca de lo normal, quizá por haber estado sin decir palabra un par de horas.

—A la chingada —dijo el de cabello a rape mientras esculcaba al joven en el suelo. Su compañero, con un pañuelo azul en la mano, se interpuso.

—Ya oíste, chaparrito.

Pastrana se acercó a él y lo tomó del cuello con la mano derecha. Pañuelo Azul no tendría ni veinte años. Al sentir el apretón levantó las manos mostrándole las palmas al agente.

—No sabes quién soy —dijo el de cabello a rape y se levantó, olvidándose del muchacho en el suelo.

—Pero ustedes no saben quién soy yo —gruñó Pastrana y apretó la tráquea del muchacho. Este hizo un ruido extraño y de inmediato su entrepierna se comenzó a poner oscura y húmeda.

—Suéltelo —dijo el de cabello a rape con voz más tranquila.

Adentro del parque el aire soplaba y se enredaba en los cables de los columpios; el aire era un lince en busca de algo vivo y cálido que comer.

—¿Quién es? —preguntó el de cabello a rape. Pañuelo Azul hizo otro ruido gutural indescriptible.

Algo susurró Pastrana y apretó un poco más. Una garra de acero. Su dedo medio casi tocaba el pulgar a través de la piel, rodeando la tráquea.

—Lo voy a soltar —agregó Pastrana—. Hoy no vengo por ustedes, tengo mis propios asuntos.

Cuando comenzó a aflojar, Pastrana sintió que el muchacho se tensaba.

—Cuidado —le advirtió, y dejó la mano un segundo más ahí. Pañuelo Azul asintió; tenía los ojos rojos y le corrían lágrimas.

—Ven —ordenó Pastrana al de cabello a rape, y con el mentón señaló la entrada del parque.

El cielo estaba despejado y las estrellas se veían más frías de lo normal.

—Lo vamos a buscar —dijo el de cabello corto, pero Pañuelo Azul negó con la cabeza.

Pastrana destensó los músculos, un pistón liberando fuerza hidráulica. Por fin, Pañuelo Azul cayó de rodillas y jaló todo el aire posible ruidosamente antes de levantarse y salir corriendo, tambaleándose, seguido por el de cabello corto.

Pastrana se acercó al muchacho golpeado y se acuclilló.

—Estás bien. —La voz de Pastrana no tenía inflexión alguna.

—¿Me pregunta? —dijo el muchacho.

Pastrana asintió con la cabeza.

—Creo que me rompieron una costilla.

—No —respondió Pastrana.

El muchacho bufó.

—Interrumpieron mi trabajo —dijo Pastrana, y desvió la mirada hacia la casa con el número tres—. Si les debes dinero, págales —agregó.

—Nada de eso —respondió el muchacho.

Pastrana se levantó y le tendió la mano. Cuando el muchacho la tomó supo lo que había sentido Pañuelo Azul. Luego se retiró deprisa.

"Chingao", dijo Pastrana. Atravesó la calle, se subió al auto y tomó aire. Su respiración era dura y pesada. "Chingao", volvió a decir, y se masajeó los ojos.

~

Julio Pastrana era de Veracruz, pero hacía más de una década que vivía en Ciudad Juárez. Había pedido su cambio a mediados de los noventa porque su prima Margarita un día había desaparecido y él pretendía encontrarla.

Desde entonces no paraba en su búsqueda, al igual que la pesadilla recurrente de su prima nadando en una alberca inmensa donde el agua parecía pesada y oscura.

Un año atrás Rebeca Alcalá le había dado un incentivo para dejar de soñar, al menos por un tiempo, con su prima desaparecida. De alguna manera ella resultó la vengadora de las mujeres maltratadas de la ciudad que él nunca podría ser, al menos no todavía. Apenas descubierto el secreto huyó al otro lado y con ella se llevó sus sueños tranquilos. Al poco tiempo la pesadilla recurrente de su prima volvió.

Pastrana comenzó a recorrer los lugares en los que ella había estado el último día, donde amigos y compañeros de trabajo la vieron. Cada vez que regresaba de la estación, antes de dormir volvía al cuarto especial en el segundo piso donde todas las pistas habidas y por haber colgaban de un pizarrón blanco, como si formaran un árbol genealógico de una familia de incertidumbres.

El agente las recorría cada noche y cada noche llegaba a la conclusión de que pronto algo nuevo surgiría para dar con ella. Había algo enterrado en todo aquello. Por supuesto que había visitado a los presuntos responsables de otras desapariciones de mujeres ya presos, pero nadie podía dar información fidedigna para encontrarla. A un preso, miembro de la banda Los Aztecas, le había roto el peroné, y a otro más, un chofer de transporte de maquiladora, uno entre tantos, le había roto un par de costillas al enterarse de que la información no era correcta y parecía haberse burlado de él enviándolo a una refaccionara cerca de la estación de policía Babícora, solo para encontrar que había cerrado años atrás.

Odiaba Ciudad Juárez. El calor era insoportable, pero no tanto como el frío de invierno que le escocía los ojos y le agrietaba las manos, y el paisaje era desolador, sin una planta que contemplar;

solo había arena, polvo y mallas ciclónicas cubiertas por bolsas de plástico que el aire se encargaba de hacer volar por las calles hasta que quedaban atrapadas en los rombos.

A veces, después de hacer pesas antes de dormir en una de las recámaras que había acondicionado, cerraba los ojos y a su mente llegaba un verde intenso y fluorescente: el verde de los árboles de Xalapa, del pasto, de las araucarias enormes y antiguas, del musgo fresco de las mañanas escondido en los recovecos de las casas y en las calles inclinadas del centro.

Tenía años sin ir a Veracruz, así que sabía que la imagen que se formaba en su cabeza distaba mucho de la realidad, pero no le importaba.

Ahora estaba muy cerca del número tres de la calle André Breton, donde un grupo de mujeres que habían perdido a alguna hija o que habían sido violadas se reunía cada fin de semana para hablar de sus problemas. Era el último lugar donde había visto a Rebeca Alcalá antes de que esta lo dejara incapacitado en medio de la calle con una pistola eléctrica. Eso no le agradaba recordarlo, por supuesto, pero eran otras cosas las que le preocupaban.

El agente apretó la mano sobre el volante y miró el reloj.

Quizá Rebeca Alcalá regresara pronto. Lo veía casi imposible, pero esa mínima esperanza lo tranquilizaba, lo que, para decirlo con sutileza, era como si a un auto de carreras lo pusieran por un momento en neutral.

A las nueve y media el parque seguía vacío y los troncos pelones de los árboles de moras en las orillas daban una impresión tétrica. Navidad había pasado, pero varias casas de los alrededores aún conservaban las luces de colores en la fachada. Una de estas era la casa con el número tres, y estarían encendidas hasta julio. El paisaje era una boca chimuela.

La puerta principal de la casa se abrió. Las mujeres comenzaron a salir. Pastrana reconocía a cada una de ellas: a Alejandra Salazar, la dueña; a Patricia Solís, a Mónica López, y al resto de mujeres de las que con ayuda del agente Álvaro Luna Cian había conseguido sus direcciones, así como un esbozo del día a día de sus vidas.

Mientras las mujeres se dirigían a sus autos o a sus casas, al final de la calle el agente vio a un grupo de seis jóvenes que se acercaban. La luz de los arbotantes que estaban a sus espaldas proyectaban sus sombras alargadas.

El agente se aclaró la garganta. En los ochenta, la colonia El Futuro no era un barrio bravo, al menos no como lo fue durante un tiempo, donde se conseguía lo que uno quisiera. Luego se limpió un poco, pero la situación era dura y los jóvenes lo sabían mejor que nadie.

Pastrana encendió el auto y se alejó de aquel lugar.

"Volveré", refunfuñó, y salió de ahí a muy baja velocidad para pasar desapercibido.

Luis Kuriaki entró en la oficina del jefe de información y se sentó. La oficina era pequeña y en el escritorio había dos fotografías enmarcadas. En una de ellas aparecía un estadio de futbol americano, y en la otra el jefe de información sostenía una pelota de futbol con el logotipo de los Broncos de Dallas.

—Te buscan, Kuriaki —dijo el jefe de información, y le tendió un sobre amarillo.

Kuriaki lo tomó, lo abrió y después de un rato de mirar el contenido se retrepó en el asiento.

—¿Qué significa?

—Lo que crees que significa —contestó el jefe de información.

—Diez mil al mes.

—Quizá sea porque eres amigo de Julio Pastrana.

Luis Kuriaki miró al jefe de información un momento y luego el sobre.

—Diez mil pesos, ¿para qué?

El jefe de información se encogió de hombros. Del primer cajón del escritorio sacó una bolsa de plástico transparente con un par de burritos de chicharrón en salsa verde. Tomó uno y le dio un bocado. La oficina de inmediato se inundó del aroma del guiso. Luis Kuriaki desvió la mirada hacia la puerta.

—Entonces dime.

—No sé qué decir.

—Lo vas a tomar, ¿verdad?

Luis chasqueó la lengua. —¿De quién viene? Esto es muy años noventa.

—¿Sabes que eres el periodista más joven que ha recibido una propuesta así? Ahora intimidan o matan.

Kuriaki no entendió lo que le dijo el jefe de información.

—No sé si esto sea mucho o poco —respondió el joven.

—No lo tomes a mal —dijo el jefe de información mientras destapaba una Fanta.

—Es por el reportaje de las asesinadas, ¿verdad?

Cada cierto tiempo, Luis Kuriaki ampliaba su investigación sobre las asesinadas de Ciudad Juárez y cada vez daba más detalles de lo sucedido.

—Muertas, Luis, muertas.

—Por favor…

El jefe de información levantó las manos con un gesto de haberse rendido ante algo. —Decídelo pronto, estas cosas van y vienen de una manera que ni lo esperas.

Luis tomó el sobre, lo dobló en cuatro, se levantó de su asiento y lo metió en uno de los bolsillos del pantalón.

—Te apoyamos en lo que resuelvas —dijo el jefe de información mientras el reportero se encaminaba hacia la puerta.

"Te diré algo: el sobre venía a tu nombre y yo te lo entregué. Ese es mi trabajo. Todos seguimos órdenes. Además, no serás el primero que acepta algo así o el primero que lo rechaza".

Luis se mordió el labio inferior, salió de la oficina y se dirigió a la sala de redacción.

—¿Cómo estás? —le preguntó Rossana Rodríguez al ver a Kuriaki en el umbral de la sala.

—¿De qué color son ahora?— preguntó Luis, y ella se levantó, miró a los lados para cerciorarse de que no había nadie más, y jaló hacia abajo una de las orillas del pantalón, mostrando la cadera y un poco del pubis, liso.

—Ahora no traigo nada —contestó.

La sala estaba oscura.

—¿En dónde andan los demás?

—Fueron al Sanborns por unas cervezas.

—Y tú te quedaste.

—Te quería ver.

Luis miró una rosa que tenía Rossana a un lado de la computadora. —¿Y eso? —preguntó.

—Hace dos día apareció en el parabrisas de mi auto.

—¿Y sabes quién la puso ahí?

—No.

—Lo hizo un admirador feo.

—Quizá —dijo Rossana y tocó uno de los pétalos de la flor.

Luis alargó la mano, le rozó el seno izquierdo y ella se apartó un poco.

—¿Qué pasa?

—Nada.

—Parece como si te doliera.

—Un poco.

Luis miró el reloj. Las once de la noche en punto.

—¿Sabes lo del sobre?

—Todos lo sabemos, incluso Morena, que se fue muy contento a festejar.

—¿Por qué yo?

—Porque pueden. Después de lo que te pasó es lo menos.

—Pinche Rossana.

—Es la verdad.

—No creo que eso tenga que ver, ya pasó más de un año.

—¿Y lo vas a tomar?

—No sé.

—Lo deseas.

Luis se acercó a ella y le tocó la entrepierna por encima del pantalón. —¿Te puedo ver más tarde?

—Estaré en la casa a las tres de la mañana, quizá un poco antes. El puto Andrés y su manera de corregir, ya sabes. ¿Te piensas ir ya?

—Quiero comer algo antes de llegar a tu casa.

—¿Por qué te vas?

—Porque puedo.

—Pinche Luis.

—Pinche Rossana.

Eran las once de la noche cuando el mago Mario Bazán abrió la puerta de su casa y salió al frío. Antes de subirse al auto se llenó los pulmones de aire y lo fue sacando lentamente; el vaho parecía humo de cigarro. Las ventanas de la acera de enfrente estaban a oscuras. Abrió la puerta del auto y arrojó al asiento del copiloto el pequeño maletín que usaba para sus actuaciones. Entró y encendió el motor sin despegar los ojos de las ventanas oscuras que estaban frente a él. Una sola, la de su vecina, le interesaba.

—Te quiero ver ya —dijo, y su celular sonó. Antes de contestar miró el número.

—Voy en camino. Sí. Todo está listo. Pensé que iban a ser los de siempre. Ningún problema, solo que pensé eso. ¿Cuánta gente más habrá? Cinco más. No hay problema. En diez minutos estaré ahí.

Bazán colgó y miró su maletín. Había programado seis efectos de magia y el cierre junto con un par de trucos en corto con los invitados antes de regresar a casa. Calculó el tiempo. No serían más allá de las tres de la mañana cuando estuviera de regreso.

Tomó la Panamericana hacia el norte, y frente al centro comercial Galerías Tec un agente de policía le pidió que se siguiera derecho.

Bazán bajó la velocidad y se acercó al policía.

—¿Qué fue lo que pasó?

—La calle está cerrada.

Bazán miró más allá del policía y sobre el pavimento distinguió una manta que cubría a alguien.

Ya no voy a llegar a tiempo, pensó mientras continuaba de frente.

Luego la luz de la gasolina se encendió.

"Chingao", dijo, y apretó el volante. "No pasa nada", agregó, y sobre la avenida de la Raza giró hacia el este, hacia la gasolinera.

"Al menos no me desviaré, murmuró y sonrió. La casa adonde iba se localizaba en Residencial Campestre. Era una casa tan amplia que una vez, mientras la recorría, por un segundo perdió el rumbo al *sótano*, como llamaba Quiñónez al lujoso piso bajo tierra acondicionado para fiestas, a las que cada cierto tiempo lo contrataban para presentar un pequeño espectáculo. No había que ser un genio o un mago para saber a qué se dedicaban los invitados, pero la paga era buena y prácticamente no se exponía a ningún peligro. ¿Y cómo había llegado a ellos? Uno de sus amigos, un dentista, lo había contratado para realizar los actos en su casa, y uno de los asistentes lo contrató a su vez, y así sucesivamente, hasta que un narco lo invitó.

Llegó a la mansión con diez minutos de retraso.

Ricardo Quiñónez, el anfitrión, estaba esperándolo en la puerta.

—Me hubieras hablado.

—Pensé que no era necesario.

—Es que llamó el Jefe y viene en camino

—¿El Jefe?

—El Jefe.

Bazán desvió la mirada hacia su maletín.

—¿Pero aún no llega?

—Está por llegar.

—Entonces no hay problema.

—Si necesitas prepararte, sí.

—No lo necesito.

—Es que es el Jefe.

Bazán sonrió y entró. Cruzaron el recibidor. Pasaron por un par de habitaciones cerradas y llegaron a la cocina; la atravesaron hasta alcanzar una puerta que daba hacia el sótano. En los días en que no había mago, que era la mayor parte del mes, ahí abajo jugaban al 21 y póquer. Bazán lo sabía porque una vez lo habían invitado a ser uno de los repartidores de cartas. Cuando llegó al que sería su espacio, se detuvo.

—¿Por qué ahí?

—Pensamos que te iba a ir mejor ahí.

—¿Pegado a la pared?

—¿Y si algo sale mal?

Bazán se mordió el labio.

—No va a pasar nada malo.

—Pero es que viene el Jefe.

—Primero te tienes que relajar.

—*Oquei.*

—Así está mejor. Yo moveré mi mesa adonde siempre.

—Pero es que…

—Dime.

—Aquí la gente no puede estar detrás de ti.

—Pues que esté.

—Estoy muy nervioso.

—Sí, pero yo soy el mago, tranquilo.

Ricardo Quiñónez juntó las manos y se tronó los dedos. Para ser un tipo rudo al que hasta su esposa temía se estaba mostrando un tanto nervioso.

A los veinte minutos el Jefe apareció en la puerta. Era un hombre calvo y chaparro, y una cicatriz que empezaba en la comisura de la boca le recorría media mejilla. Lo acompañaba Ricardo Quiñónez. Tomaron sus asientos, y apenas lo hicieron un tropel de gente entró en la sala. Eran más de los que habían acordado.

Bazán se levantó, y al dar las buenas noches su mirada se cruzó con la del Jefe. Y entonces sintió que aquello no iba a salir bien.

—Disculpe la tardanza, mago, la policía hizo bien en cerrar una calle —dijo un hombre alto, con un fino bigote.

Todos se rieron por la aclaración, menos el Jefe, que no le quitaba los ojos de encima.

El mago Bazán se aclaró la garganta y esperó a que todos guardaran silencio.

—Yo no vengo a burlarme de nadie —dijo como siempre antes de empezar su espectáculo—. Yo solo vengo a hacerlos pasar un rato agradable.

El Jefe susurró algo.

—¿Perdón?

—Dice Ricardo que eres bueno para eso.

—Trataré de hacerlos pasar un rato agradable.

—Eso dice Ricardo —agregó el Jefe y tronó los dedos. El de bigote le entregó un vaso roquero con *whisky* al tope.

Bazán tragó saliva, pero nadie lo notó porque su sonrisa era muy amplia. La mano derecha comenzó a temblarle y esa fue la señal para tomar aire y convencerse de que nada malo sucedería. Que haría sus actos como siempre y se iría a casa, y si tenía suerte, quizá hasta viera a su vecina y le invitara un trago. El último de la noche.

Los *efectos* comenzaron.

El primero no requirió de la participación de nadie del público. Y estuvo aceptable. El naipe, un as de espadas, comenzó a flotar entre sus dedos y a pasar de un lado a otro de la mesa. Todos aplaudieron, menos el Jefe.

Luego empezó el acto para el que solicitó la ayuda de uno de los invitados. Le pidió que pasara y que escribiera su nombre en cualquiera de los naipes, y así lo hizo. Y después de hablar con el público un segundo y de hacer algunos pases mágicos, el naipe apareció dentro de una naranja que previamente había colocado en su mesita. Los invitados volvieron a aplaudir, excepto el Jefe. Ricardo Quiñónez estaba contento pero no podía disimular su nerviosismo.

Hubo un par de *efectos* más con cartas. Justo en el último, el Jefe se inclinó hacia el oído del hombre del bigote. A este se le borró la sonrisa, se levantó y salió del lugar.

Mientras el mago explicaba el nuevo acto que consistía en un par de monedas de medio dólar y lo *mágicas* que habían resultado, no pudo evitar pensar adónde habría ido el tipo del bigote. Con un movimiento las monedas desaparecieron de sus manos y al chasquido de sus dedos cayeron del aire en una taza de café recién servida por Ricardo Quiñónez.

Los acompañantes del Jefe empezaron a relajarse, hicieron algún comentario sobre lo bueno que había resultado el mago, otros lanzaron aplausos esporádicos, y al fondo alguien exclamó: "Grandioso". Bazán sonrió por un momento, pero al ver el rostro rígido del Jefe miró al suelo, terminó el acto y se disculpó para ir al baño.

Mientras orinaba se miró en el espejo. Se había quedado calvo a los veintiocho años y algunos lo llamaban "Pelón", pero nunca le había molestado.

Terminó de orinar, se subió la bragueta, se enjuagó las manos, se acomodó el sombrero, y del saco, ese saco que siempre usaba, extrajo un recipiente muy pequeño con vaselina. Era hora de hacer volar un anillo y un naipe. Se puso la vaselina en las puntas de los dedos y comenzó a moverlos como si se trataran de dos tarántulas gigantescas.

Al salir vio el rostro de Ricardo Quiñónez. Estaba pálido.

—Tenemos que hablar —murmuró.

—Dime.

—Es el Jefe.

—¿Qué tiene el Jefe?

—Mientras estabas en el baño comenté el truco…

—Efecto.

—El efecto de rellenar la botella de cerveza.

—¿Y?

—Pues quiere verlo.

El mago tragó saliva.

—No pasa nada, deja que vea el de levitación…

—Es que quiere ver ese —dijo Quiñónez, y se pasó la mano por la frente.

—Déjame intentarlo —respondió y se acercó al Jefe: una estatua de bronce con las comisuras caídas.

El mago lo miró de reojo pero no le dirigió la palabra. Así podría controlar todo lo que pasaría a continuación. Manejaría, como siempre lo había hecho, terreno y espectadores. Pidió un anillo de uno de los hombres y todos se acercaron, algunos con los celulares encendidos en modo de cámara para grabar el acto completo. Bazán dijo que era la primera vez que había visto aquel anillo y sacó un imán y lo pasó por él. Entonces puso el anillo en la palma de su mano izquierda, agitó el dedo índice derecho sobre este y el anillo empezó a elevarse. El mago pasó la mano por encima y por debajo del anillo para demostrar que no había ni hilos ni cables invisibles. Se escucharon risas nerviosas y uno que otro grito de los que rodeaban al mago.

—No mames —exclamó alguien.

—Chingao —dijo otro, y justo cuando tomaba el anillo en las manos y la gente aplaudía, el Jefe dijo:

—Falta un truco más.

Todos callaron de golpe.

El mago Bazán apretó los puños.

—Dice Ricardo que puedes llenar con magia una lata vacía de cerveza.

El mago asintió con la cabeza.

—Quiero ver que lo hagas.

—Por supuesto, solo necesito…

—Ricardo, pásale a tu mago esta lata.

Era una lata de Corona doblada por la mitad.

—Pero…

El Jefe extendió la mano hasta que la lata tocó el pecho de Bazán y este la tomó de forma automática. Luego el Jefe chasqueó los dedos y alguien detrás de él le pasó un revólver.

Bazán miró a Quiñónez y Quiñónez miró al suelo.

—Pero estos son solo trucos de magia.

—Alguien dijo que eras grandioso.

Quiñónez trató de intervenir, pero al ver los ojos del Jefe se hizo a un lado. El hombre amartilló el revólver.

—¿Cómo empieza el truco?

Bazán se pasó una mano por la boca.

—Haz el truco —repitió el Jefe.

Bazán se mordió el labio inferior; no podía hablar. A pesar de la gente que los rodeaba, parecía como si en aquel sitio no hubiera nadie más que ellos.

—Desde los setenta he visto magos ir y venir y ahora estamos tú y yo aquí. Tu confianza es tu debilidad.

—Es solo un truco.

—Quiero que levantes la lata y quiero ver cómo se va llenando.

—Usted sabe la verdad.

—Quizá después de esto también tú la sepas.

A Bazán le pareció que el sótano se encogía. Las manos le temblaban.

El Jefe acercó el arma hasta el rostro de Bazán.

El mago, sin dejar de mirar el cañón de la pistola, levantó con su mano derecha la lata retorcida y la comenzó a balancear como si se tratara de un columpio. Primero hacia enfrente, luego hacia atrás. Se sentía ridículo.

El Jefe por primera vez esbozó un remedo de sonrisa.

Bazán siguió meciendo la lata, y al ver que ahí terminaría su vida cerró los ojos y contuvo la respiración. Entonces ocurrió algo: la lata tronó un poquito, un tronido apenas perceptible, pero sus manos advirtieron ese movimiento. Un murmullo como ola fue levantándose entre los espectadores, y justo cuando Bazán abría los ojos, se escucharon las pisadas ahogadas y presurosas de alguien que se acercaba: era el hombre del bigote delgado.

—Vamos —gritó el tipo, y todos se escabulleron fuera del sótano, excepto el Jefe y los dos hombres que estaban detrás de él.

Las miradas del Jefe y Bazán se cruzaron. El silencio se hizo incómodo hasta que uno de los guardias puso su mano con delicadeza en el hombro del primero. Como si fuera la señal, este desamartilló el arma, se dio la vuelta y los tres salieron de ahí.

Bazán corrió al baño y vomitó.

~

Eran casi las cuatro de la mañana cuando llegó a casa; seguía temblando. Dos veces detuvo el auto durante el trayecto para tomar aire.

Entró y de inmediato encendió la calefacción. Fue al comedor y destapó una botella de *whisky* y le dio un trago muy largo. Tomó aire y bebió de nuevo.

"Chingao", dijo, y repasó lo que había ocurrido. En las palabras del Jefe. "La confianza es mi debilidad", repitió en voz alta. "No lo entiendo". Pero sí que lo entendía. Luego se le vino a la mente el tronido de la lata entre sus manos. El peso del líquido que iba brotando.

"Chingao", repitió. Empezaba a sentir el efecto del alcohol. Ya hablaría con Ricardo Quiñónez. O quizá nunca más hablaría con él, se haría el perdido. Se enfiló a su cuarto en el segundo piso, y cuando llegó a la puerta, antes de encender la luz vio por la ventana la recámara iluminada de su vecina. Estaba desnuda y la acompañaba el periodista, que seguía vestido.

"Pinche Rossana" murmuró el mago Bazán y se acercó un poco a la ventana para que ella supiera que estaba acompañándola aunque fuera de lejos. Le encantaba que la viera pasearse por la recámara desnuda. La excitaba, como le había dicho ella misma.

Entonces recordó de nuevo las palabras del Jefe: confianza y debilidad. Al menos había dejado de temblar. Ya hablaría con Rossana. Plantó un beso en una de sus manos y lo pegó en la ventana. El tronido apenas audible de la lata entre sus dedos frente al Jefe lo agobiaba. Se echó en la cama y cerró los ojos, pero no pudo dormir.

El agente Álvaro Luna Cian se apeó del auto y se pasó la mano por el cabello engominado. Miró el reloj. Ocho de la mañana en punto. Sobre la acera lo esperaba Mariano Leyva. La calle estaba vacía. Cerca de ahí se oían los autos correr por la avenida Gómez Morín.

Luna escupió al suelo.

—¿Cuál es la situación?

—Hablé con los padres y dicen que su hijo lleva tres días perdido y ayer por la tarde recibieron la primera llamada de los supuestos secuestradores.

—Dime algo nuevo, Leyva.

Leyva miró la casa. Un terreno de mil metros aproximadamente y justo en medio la casa de trecientos metros construidos. Dos pisos. Color amarillo canario, dos aguas. No muy grande ni muy pequeña. Una cochera con tres autos adentro, todos color vino.

Leyva se pasó la mano por el vientre plano y suspiró. Era alto y delgado.

—No hay nadie de la prensa —dijo Luna.

—Sí.

Eso se lo agradecía a Rossana Rodríguez. Le había contado lo que estaba sucediendo en ese momento, pero le pidió que no interviniera, no todavía.

—Ni siquiera Luis Kuriaki —dijo Leyva.

—No lo invoques —respondió Luna mientras se acercaba a la casa, y antes de tocar el timbre oteó a ambos lados de la calle y se sintió observado. Pero tal vez eran sus nervios.

Sonia Torres abrió la puerta. Tenía los ojos enrojecidos.

Los agentes se presentaron. Ella les contó lo sucedido. A su lado estaba su hermano Javier. No sabían si estaban haciendo lo correcto porque los secuestradores les habían ordenado dejar fuera a todos, y eso incluía a la policía.

Su único hijo, Rolando, de dieciocho años, tenía tres días desaparecido, y el día anterior habían llamado por primera vez para pedir rescate.

—Necesito los teléfonos de los amigos más recientes —dijo Luna, y estudió la casa.

—¿A qué se dedican?

—Mi marido fabricaba chalecos antibalas. Hace siete meses murió y yo me quedé con el negocio.

—También los nombres de sus trabajadores.

—Está bien. ¿Y lo de la llamada? —preguntó ella.

Luna le dijo que a eso llegarían pronto.

—Nos piden demasiado dinero —agregó Sonia.

—Lo entendemos —terció Leyva y suspiró. Luna lo miró de reojo y pidió que le mostrara el número telefónico registrado de los supuestos secuestradores.

"Chingao", masculló Luna en cuanto vio el registro. Se pasó la mano por el cabello y miró a Leyva.

Leyva suspiró y anotó el número en su celular. Más tarde trataría de verificar la procedencia, pero sería imposible dar con ella.

—Mañana tendremos el dinero —dijo Javier.

—Eso está bien —confirmó Luna.

En ese momento sonó el teléfono, verificó el número, y como si estuviera por sumergirse en una alberca muy profunda, tomó aire y contestó.

—Buenos días.

—Chinga tu madre, quiero hablar con la madre de este pendejo —bramó una voz.

—Está aquí a mi lado.

—¿Y tú quién eres?

—Su abogado.

—¿Así piensas que todo saldrá bien?

—Ustedes tienen la última palabra.

—¿Entonces?

—Solo necesitamos una prueba de que el joven está ahí.

—Rolando está bien —gruñó la voz del otro lado y la comunicación se cortó. Luna apretó un puño.

Apenas le iba a pasar el teléfono a Sonia, cuando este volvió a sonar y el agente activó el altavoz.

—Rolando está un poco hambriento —bufó la voz del otro lado.

—Solo necesitamos saber que se encuentra con vida.

—El millón de pesos va en serio.

—Lo estamos juntando.

Entonces se escuchó un grito en el teléfono y la voz de Rolando al fondo.

—Es mi hijo —dijo la señora, y se tapó la cara, y la llamada se cortó.

—Necesitamos comprobar que su hijo no se fue de viaje con alguna novia, que no se encuentra con alguno de sus amigos y que por alguna razón no puede contestar el teléfono, quizá se quedó sin batería.

—No chinguen —espetó Javier Torres.

—¿Cómo era la relación con su hijo? —continuó Luna sin prestar atención al comentario del hombre—. En el caso de no conocer realmente el paradero de Rolando, y esto es una suposición, debemos estar seguros de que no es algún familiar o conocido el que esté haciendo una broma pesada.

—¿Y si lo matan?

—No lo harán.

Luna y Leyva se dirigieron hacia la puerta.

—Por favor —dijo Sonia Torres.

—Si llaman de nuevo dígales que están viendo lo del dinero. Nosotros debemos ir a la estación. Mandaremos a alguien. Por favor reúna toda la información que le pedí.

~

Luna y Leyva entraron en el Sanborns de la avenida Paseo Triunfo de la República y pidieron dos Coronas, limpiaron las tapas con la mano y bebieron.

—Señor, si la cosa es como parece tiene que llamar a Taverna.

—Aún no sabemos nada.

—Recuerde el número telefónico. Solo digamos que en verdad sí es un secuestro.

—No confío en los sinaloenses.

—Pero si trabaja con el Zurdo.

—Ese pinche Zurdo —dijo Luna, y se pasó la mano por la cabeza.

El bar estaba casi vacío, excepto por un cantante calvo que afinaba su guitarra en una esquina.

Leyva se refería a Santiago Taverna, el Negociador, que trabajaba de cerca con un tal Édgar Mendieta, allá en Culiacán. La última vez que se vieron, en medio de un caso de desaparecidos, se habían hecho de palabras por un malentendido.

—Pinche Taverna —añadió Luna, y bebió.

—Se va a morir el muchacho.

—Eso no va a pasar.

—El tiempo corre.

—Deja que lo digiera, por favor.

—Va a tardar un día en llegar y entonces sí que será tarde.

—Chingao —exclamó Luna—, apuesto a que este es un caso de extorsión por parte de uno de los amigos del muchacho.

—Lo confirmaré en cuanto tenga la información, pero mientras tanto hay que llamar a Taverna. Son las diez de la mañana, está a tiempo para que llegue en un par de horas. Si no es ahora entonces sí tardará hasta mañana.

—Pues sí.

—Pues sí.

—Pinche Taverna.

Luna se bebió la cerveza de golpe, sacudió un poco la cabeza y pidió otra. Era temprano y aún no comenzaba la venta de alcohol, pero ya los conocían.

—Johnny Knoxville viene a El Paso el sábado —dijo Luna.

—Faltan muchos días —respondió Leyva.

—Sí.

—Ya sé quién es Johnny Knoxville —añadió Leyva.

—Voy a ir a verlo. Viene a dar una charla, quizá realice algún acto en vivo, dicen que al final siempre lo hace y no voy a perdérmelo.

Entonces Luna llamó a Sonia Torres para saber cómo iba con la información que estaba reuniendo. Ella le dijo que ya casi terminaba.

—En caso de que sea real lo del secuestro.

—Pero es que lo es —dijo Sonia Torres.

—Si lo es tenemos a alguien que puede ayudar —agregó, y le contó del Negociador. Ella escuchó la historia: Taverna prácticamente se dedicaba a negociar con secuestradores y en la mayoría de los casos los rehenes salían con vida.

—¿Y qué pasará con los secuestradores? —preguntó Sonia Torres.

—Ese no es el trabajo del Negociador.

—Entonces quedarán impunes.

—Su hijo estará a salvo, eso es lo importante —afirmó Luna.

~

A las once de la mañana, mientras revisaban la información que les había proporcionado la señora Torres, Leyva le dijo que no iban a llegar a ningún lado con aquello.

—Disculpe que se lo diga, pero esto es tedioso, si llamamos a Taverna ahora mismo aún puede llegar a tiempo.

Luna lo miró y luego hojeó la larga lista de amigos, trabajadores y familiares que le había dado Sonia Torres.

Leyva alcanzó el teléfono, pero Luna le ordenó que lo dejara en su lugar. Se levantó de su silla y miró a su alrededor. La mayoría de los escritorios estaban vacíos. Incluyendo el de Pastrana, en el que, además de una computadora obsoleta, había una taza color negro muy cerca de una de las orillas. "Pastrana nunca se equivocaba en sus casos, igual que Johnny Knoxville en sus actuaciones", murmuró Luna y suspiró. Si estuviera en sus zapatos ¿cómo reaccionaría? Chasqueó la lengua. Tendría que involucrar a Taverna.

—No podemos meter la pata —masculló.

—El tiempo, señor —dijo Leyva, señalando su reloj.

—Chingada madre —espetó Luna y se encaminó a la oficina del teniente Martínez.

~

Después de que Luna hablara con Martínez, llamó a Sonia Torres y le contó que era necesario hacer las cosas rápidamente, y que ella tenía que estar de acuerdo en que el Negociador se presentara. Colgaron.

Sonia Torres comentó con su hermano el asunto de Santiago Taverna. Al principio Javier dijo que no; luego, la mujer le pidió que al menos lo escuchara; él dijo que el dinero estaría completo al otro día por la mañana. Ella respondió que quizá no sería suficiente tiempo. Al final de un largo estira y afloja acordaron que el Negociador fuera a su casa.

Santiago Taverna llegó a Ciudad Juárez a la una de la tarde. Lo acompañaba el agente Andrés Botello.

El teniente Martínez había llamado a Culiacán y había hecho los arreglos necesarios.

Taverna notó el frío, pero era manejable, y según el pronóstico del tiempo el resto de la semana seguiría igual. Ya en el auto, sobre la Panamericana observó a un par de jóvenes en bermudas.

—¿Quieren comer algo? —preguntó Luna.

—Llévanos con los afectados —dijo Taverna, ajustándose el sombrero.

Luna apretó un puño.

∿

Al tocar la puerta, Sonia Torres abrió.

Taverna se presentó y entraron en la casa.

El Negociador explicó cuál sería su trabajo.

—Quizá la operación dure más de tres días —dijo—, pero todo se arreglará. Si aceptan tendrán que hacer lo que yo les diga.

—Todo se va a arreglar —añadió el agente Botello.

—No estoy de acuerdo —dijo Javier.

Sonia Torres sollozaba y no dejaba de ver el teléfono colgado en la pared de la cocina.

—¿Por qué nosotros? —preguntó en algún momento.

—El dinero lo tendremos mañana mismo —aseguró Javier.

—Eso no importa. Es como la gripe, ahora la tienen ustedes —dijo Taverna.

—La tenemos nosotros —repitió ella.

—Así es. Pero yo haré que se vaya.

—Rebajar esto a una gripe es un insulto —dijo Javier y miró a Taverna a los ojos—. Un millón no es fácil de conseguir, pero mañana por la mañana ese dinero estará disponible —aseguró.

—No se trata de dinero —dijo Taverna—. Mañana podrían pedir el doble.

—No confío en usted —dijo Javier.

Taverna usaba un par de anillos ostentosos en la mano izquierda. Los comenzó a acariciar.

—Hace bien en no confiar, pero es su decisión —dijo mirando a Sonia Torres.

Ella asintió.

Luna desvió la mirada de la escena y la posó en un perrito de porcelana que estaba sobre la mesa de centro a unos metros de él. Se parecía demasiado al que su madrina tenía en una vitrina cuando era niño. Ahora su madrina estaba muerta. Cáncer en los pulmones.

~

Sonia Torres preparó café mientras Luna miraba la calle por la ventana. Aquel era un buen barrio. La casa no era tan grande como las otras que estaban a su alrededor, pero aun así era ostentosa.

El teléfono sonó a la una de la tarde. Eran ellos, los secuestradores, y Botello le pasó el teléfono a Taverna. Habló con ellos. Se presentó y dijo por qué estaba ahí. Javier negaba con la cabeza. Luna se bebía su café y Leyva miraba con detenimiento a Taverna.

Mientras las negociaciones tenían lugar, Luna regresó a la sala pensando que se había apresurado en llamar a Taverna. Levantó el perrito de porcelana. Era un dálmata con la lengua de fuera. Igual al de su madrina. "Qué interesante", murmuró.

—Me lo regaló mi madre hace dieciocho años —dijo Sonia Torres detrás de él. Luna la miró. Era blanca, de senos grandes. La voz de Taverna se oía en el fondo—. De niña tuve un dálmata —continuó—. Se llamaba Igor y terminó por comerse todo el jardín. Murió muy viejo. Mi padre lo tuvo que dormir antes de que empezara el invierno. Vivió dieciséis años. Mi marido y yo pensábamos tener uno, pero entonces resultó que estaba embarazada de Rolando. Fue un embarazo complicado. La idea del dálmata la hicimos a un lado.

Luna regresó la figurilla a su lugar, pero antes le pasó la yema de los dedos por la cabeza. Como si estuviera acariciando a un perro vivo en miniatura. Suspiró al escuchar los murmullos del Negociador detrás de él, y salió al jardín a mirar el cielo.

A las once de la noche Taverna salió de la cocina. Se veía agotado. Tenía la camisa desbotonada de arriba.

—Dejamos la negociación en quinientos mil.

—¿Qué sigue? —preguntó Sonia Torres.

—Esperar —respondió Taverna.

—Esto no suena bien —agregó Javier con los brazos cruzados.

—Los secuestradores dicen que tienen que pensar muy bien lo que están haciendo —intervino el agente Botello.

—Por favor —espetó Javier.

—Gracias —contestó Sonia Torres, y el agente Luna apretó un puño.

~

Los cuatro policías terminaron en El Recreo, una cantina sobre la avenida 16 de Septiembre.

Tomaron cerveza. Hablaron del caso. La manera en la que se estaba desarrollando la tragedia, las posibilidades de que el muchacho saliera bien librado, quizá sin un dedo o un ojo, pero bien librado. En algún momento Taverna se quedó mirando fijamente la mesa. Luego cambiaron de tema.

Hablaron del clima en Culiacán y de la *capiza* Samantha Valdez, que andaba suelta por aquellos rumbos y que aparentemente estaba involucrada con el detective Édgar Mendieta.

—Pinche Zurdo —exclamó Luna.

—Pero no es cierto —lo corrigió Taverna—. Por cierto, te manda saludos.

—Pinche Zurdo —repitió Luna.

Luna los llevó al hotel.

En el *lobby*, en cuanto vieron que el auto del agente se alejaba, Botello le hizo una seña a Taverna y salieron al frío. Sobre la avenida Francisco Márquez, justo detrás del hotel, había un casino.

Jugaron cartas. En el 21, mientras Botello le decía a Taverna cuándo pedir una carta más o cuándo mantenerse con su mano, una mujer se acercó. Taverna la miró de reojo y Botello le pidió que se alejara.

Al salir del casino pasadas las cuatro de la mañana, una sombra detrás de ellos les pidió que se detuvieran. Botello se giró y del bolsillo trasero del pantalón sacó una navaja. Gruñó.

La sombra dejó caer algo al suelo, huyó y se perdió en la oscuridad de la avenida.

Los agentes regresaron al hotel.

El Negociador no pudo dormir esa noche, y junto con Botello abrieron el minibar y destaparon una botellita de Etiqueta Negra y comenzaron a planear lo que harían a la mañana siguiente.

—No pierdas la cabeza —le dijo Botello mirándolo a los ojos y sirviéndole un poco de *whisky*.

La ciudad desde esa altura parecía más sola de lo que estaba.

—Está cabrón, creo que este no se salva —dijo Taverna, y levantó el vaso.

—¿Ya viste? —preguntó Botello mirando su celular—, a Samantha Valdez le acaba de llover plomo y Ciudad Juárez está tranquila, como si ella no existiera. La mujer está hospitalizada.

Taverna sabía muy bien qué trataba de decir Botello.

—Samantha y el Zurdo me tienen sin cuidado. Solo pienso en ese pobre pendejo de Rolando y su madre.

Botello, como respuesta, le dio un trago a su *whisky*. Miró la ciudad al fondo. Luces como luciérnagas gigantes. Unas amarillas sobre un fondo negro y arriba de ellas el horizonte aún más negro. Tan distinto a Culiacán, y al mismo tiempo ciudades hermanas. Lo había visto en el trayecto del aeropuerto hacia la casa de los afectados y de la casa hacia la cantina y de la cantina hacia el hotel. Una ciudad extendida y sucia como Culiacán o cualquier otra ciudad norteña de México.

Samantha Valdez, la *capiza*, tenía el control de las drogas en el norte, y si moría por aquella balacera, aunque tardaran en llegar, sus ondas expansivas se dejarían sentir en algún momento en Ciudad Juárez. Más muertos y desaparecidos. Cabezas por ahí.

—Qué buen *whisky* —dijo Botello abriendo otra botellita y escanciando los vasos.

~

El agente Luna se fue a su casa, y para quitarse el mal sabor de boca por haber involucrado apresuradamente a Taverna en el caso, vio la última película que había filmado el colectivo Jackass; vio una y otra vez a Johnny Knoxville ser embestido por un toro. La manera en que su cuerpo se retorcía en el aire y caía de cabeza para levantarse y sonreír a la cámara. Según las entrevistas que había dispersas por la red, el toro representaba al gobierno opresor y Knoxville representaba a la clase trabajadora. Un día Luna iría contra el gobierno; de una manera u otra vería la forma de actuar como un verdadero Jackass.

Mariano Leyva llegó a su casa, calentó agua y se preparó un mate. La yerba la había conseguido en una tienda orgánica en El Paso, Texas. Encendió la computadora y buscó *Sombras, nada más*, de Javier Solís. Al escuchar las trompetas del inicio se relajó. En esa canción estaba toda su infancia. *Sombras, nada más* se usaba en anuncios televisivos, no recordaba cuáles, solo recordaba la música y eso era suficiente. Antes de irse a la cama fue a su habitación y se preguntó si Johnny Knoxville hacía ejercicio, y sonrió ante tal cuestión: ¿a quién le importaba en realidad? Guardó silencio y bebió mate y decidió que lo mejor sería hacer abdominales antes de dormir, pero solo se quedó mirando la alfombra para luego regresar a su habitación.

~

Sonia Torres y su hermano Javier discutieron sobre la actuación de la policía. —Es que están involucrados en esto, ¿que no te das cuenta? —insistía él, y ella lo negaba, hasta que le pidió que por favor se calmara, que ella entendía y que quizá tuviera razón, pero que necesitaba confiar en alguien.

—Al padre de Ernesto lo secuestraron y lo mataron, al sobrino de Adela Quiroz también —arremetió él. Entonces entendió, se calló y la abrazó.

~

Luis Kuriaki fue a la oficina del jefe de información.

—Tengo información sobre un secuestro.

—Otro más.

—Sí.

—¿Estás seguro de que es un secuestro? —preguntó el jefe de información.

—Según mis contactos.

—¿Y quiénes son tus contactos, Luis?

—Ellos.

—Ellos.

—Es un muchacho de dieciocho años que vive con su padres.

El jefe de información suspiró y pasó la mano por la superficie del escritorio vacío.

—¿Qué te parece si decimos que fue abducido por extraterrestres?

—¿En serio?

El jefe de información sacó de uno de sus cajones una bolsa de plástico con dos burritos.

—Pero, ¿y los padres?

—Ya sé. Cambiaremos el nombre del muchacho y diremos que fueron extraterrestres.

Kuriaki lo atravesó con la mirada.

—¿Algún lugar específico de la galaxia de donde sean los abductores?

—Le pediré a Rossana que te ayude con esto.

Kuriaki se levantó.

—Luis, deja que pase, que se resuelva, y entonces saldrá tu nota.

—Sí —contestó Kuriaki.

—Una cosa más, ¿aceptarás el cheque? Necesito una respuesta.

Luis Kuriaki se alejó de la oficina sin decir nada. A mitad del pasillo se detuvo. Caviló cómo habría obtenido Rossana Rodríguez la información del joven secuestrado. Por primera vez se preguntó qué policías serían sus contactos. Sintió celos y en vez de pasar a saludarla se escabulló por la puerta trasera de las oficinas que daba directamente al estacionamiento y se fue a casa.

En su recámara observó largo rato el sobre con el cheque de diez mil pesos. Solo tendría que despegar la pestaña y listo, el dinero sería suyo… y él de ellos, del gobierno o de quien estuviera detrás del gobierno. Y todo por los reportajes que escribía, y según Rossana, por el levantón que había sufrido el año anterior. Se pasó la mano por la abultada cicatriz oculta bajo el cabello. Miró su recámara y le pareció tan vacía. Pensó en Rossana, en sus senos erguidos, sus pezones oscuros, su pubis depilado. Tomó el celular para llamarla, pero los celos que sentía volvieron a aflorar. Mañana por la mañana iría a casa de Rolando y tal vez se enteraría de quién era el informante de la periodista. Miró el reloj; era demasiado tarde para salir a beber una cerveza al Recreo. Llamó a su amigo Raymundo y antes de que sonara el primer timbre, colgó.

~

Esa noche el agente Pastrana fue a visitar a su amiga Victoria Aguilera. Hablaron del trabajo. Ella no aguantaba más la situación en el reclusorio, donde era directora, y dormía cada vez menos. A Pastrana le dolían los nudillos de la mano derecha. Un ladrillo con garras. Un mazo casi nuevo. Ella acarició la hinchazón. Pastrana en algún momento escuchó una sirena de patrulla en la distancia y contuvo la respiración.

—Tendría que estar allá afuera —dijo.

—Tranquilo —respondió ella.

~

Pese al buen clima pronosticado la temperatura alrededor de las tres de la mañana llegó a los diez grados bajo cero. Ocho personas murieron esa noche por intoxicación con monóxido de carbono por haber olvidado apagar el calentón de gas antes de irse a dormir; dos más murieron de hipotermia. Uno sobre la calle La Paz, en el centro, y otro en un baldío en Torres del PRI.

En la colonia Parajes del Sur un par de hombres fueron balaceados mientras viajaban en un Camaro blanco. Transportaban un kilo de anfetaminas. El objetivo era cruzarlo a Estados Unidos por el puente Santa Fe. Uno de ellos murió al instante cuando una de las balas entró por el ojo izquierdo y salió por la nuca. El conductor fue herido en el brazo derecho y acabó deteniendo el auto sobre la calle Refugio de la Libertad. El auto quedó ahí, inmóvil, hasta que Yolanda Calderón, una de las testigos que presenció el incidente, llamó a Emergencias. Aparte de los policías que encintaron la escena del crimen y una ambulancia que se encargaba del herido, media hora después llegó el agente Gándara.

—¿Qué me tienes, Amarillo? —preguntó Gándara a Pablo Faraón, que había encintado la escena del crimen.

Este lo miró de reojo. Aunque no le desagradaba que lo llamaran Amarillo, el agente Gándara no era de su agrado.

—Al menos ya no es como antes —dijo Faraón y señaló la ambulancia.

—Eso dicen —respondió Gándara y caminó hasta el herido.

—Va a helar esta noche —le dijo Gándara cuando lo tuvo enfrente.

—No sé —respondió el herido. Un hombre de no más de veinticinco años con el cabello negro peinado hacia atrás.

—¿Adónde iban?

—A mi casa.

—Por favor, si tienes toda la pinta.

—¿Pinta de qué?

—¿Cuánto dinero traes?

El herido desvió la mirada antes de contestar.

—¿Cómo está Aurelio?

—Aurelio ya no le incumbe a este mundo.

—Pobre güey.

—Pobre tú. A ver, entonces dime ¿cuánto dinero cargaban?

—No me lleve.

El agente Gándara se levantó el cuello del saco al sentir una ráfaga de aire frío. —La carga sigue en el auto, ¿verdad?

—Si me deja sin nada de todos modos soy hombre muerto.

—Ya sabes cómo es el negocio.

El herido entrecerró los ojos y miró la luz cenital de la ambulancia.

A las cuatro de la mañana Moisés Cortés, de veintidós años de edad, en la colonia Bellavista golpeaba a su esposa, Marina Salazar, de diecinueve años. El hermano de ella, que también era su vecino, al escuchar los gritos a través de la pared irrumpió en la casa donde vio a la joven en el suelo siendo pateada en la cabeza mientras se trataba de cubrir con los brazos. El hermano, apenas un año mayor que ella, empujó al agresor que de borracho cayó al suelo, de donde no pudo levantarse. A ella la sacó a empujones y la llevó a su casa.

—Deja, llamo a la policía —dijo el hermano.

—No, por favor.

—Estás sangrando.

—Pobrecito.

—Marina, te está saliendo sangre del oído.

—Mañana, cuando se le pase la borrachera, to-do va a estar bien.

—Eso dijiste hace un mes.

—Pero esta vez será distinto.

—Un día te va a matar.

—No digas eso, Carlos.

—Al menos esta noche te quedas aquí. Límpiate —le espetó el hermano y le aventó una toalla húmeda.

Rossana Rodríguez miró por la ventana de su recámara. La noche era un pedazo de carbón. Se preguntó en dónde estaría Mario Bazán en esos momentos, si en algún casino clandestino o en algún *show* privado.

La noche tan solitaria, con sus calles cuarteadas y sus árboles invernando quietos ahí abajo le dieron un poco de miedo. Ciudad Juárez le daba miedo, pero no por lo que decían que representaba, sino porque le parecía tan blanda como ella misma. Se había infectado con gente extraña, que como zombis la roían hasta dejarla en los huesos. A fin de cuentas Ciudad Juárez no era una ciudad que hubiera sido construida apenas: tenía casi cuatrocientos años de edad y le parecía frágil. Ella misma se veía en sus construcciones. En las grietas del pavimento; en el Parque Central, que más que parque parecía un gran baldío que resguardaba una jirafa confiscada a los narcos. Y lo más absurdo aún: le parecía una ciudad construida en medio de la nada, más como para detener a Estados Unidos que por la necesidad de una vida próspera en medio de la arena. Cuando era niña nunca supuso que terminaría trabajando como periodista poniendo en evidencia lo peor que sucedía en ella. Recordó cómo le gustaba ir al Parque Borunda con sus primos a comer elotes o a correr por El Chamizal, donde recordaba nítidamente a sus padres besándose un verano antes de preparar la carne asada. La camioneta azul estacionada detrás de ellos y el cielo amplio más atrás. O cómo corría tratando de volar un papalote en Semana Santa con los vientos que destruían espectaculares. Así era ella y así sentía que era la ciudad: inocente y tranquila. Pero solo bastaba mirar un poco en sus recovecos y mirarse con detenimiento para saber que algo en ella estaba igual de retorcido que la ciudad.

Suspiró y miró por la ventana una vez más. Esa oscuridad era su propia oscuridad.

Se bajó el pantalón al lado de la ventana.

Recordaba muy bien la primera vez que se dejó ver desnuda caminando por su recámara y Mario Bazán la saludó de lejos y a ella se le endurecieron los pezones y por un momento trató de cubrirse, pero solo por un momento, quizá por instinto, para luego dejarse llevar por la situación. Un día, después de haberse masturbado cerca de la ventana frente a los ojos de él, sintió que la sangre se le subía a la cabeza de vergüenza ¿Qué tal si era un depravado? ¿Qué pasaría si un día se acercaba a su casa y trataba de hacerle daño? "Te lo mereces", se dijo en esa ocasión, y durante un par de semanas trató de hacer lo suyo en privado. Pero había algo que no la satisfacía; le faltaban los ojos de alguien ahí enfrente mientras se tocaba y se corría. Esta vez se mordió los labios y se masturbó en la soledad de su cuarto, hasta que vio a Kuriaki o a Luna y la urgencia se calmó un poco para luego comenzar de nuevo. Varias veces esa urgencia la había tomado por sorpresa en la oficina, y entonces tenía que ir al baño al menos un par de veces al día para calmar aquello. De pronto, mientras escribía las absurdas notas que el jefe de información le pedía sobre zombis, tigres hambrientos o extraterrestres rondando la ciudad, su sexo se humedecía y la respiración se le aceleraba y comenzaba a temblar y no paraba hasta encerrarse en el baño unos minutos para liberar con su dedo índice sobre su sexo aquella carga extraña.

Desde niña lo había sentido. A los trece años descubrió aquel placer en la sala de una de sus tías, mientras todos estaban fuera. Veía un libro de pintura que había encontrado entre tantos, y mientras hojeaba lámina tras lámina algo pasó en su sexo: sintió una contracción al ver los cuadros de mujeres desnudas de Picasso y Goya, pero entonces sus ojos se anclaron en un grabado de Katsushika Hokusai. Al parecer un pulpo le mordía el sexo a una mujer mientras otro la besaba. El vello púbico de la mujer era ralo, como el suyo en ese momento.

Acercó los ojos hasta casi tocar con la nariz la página para ver con claridad lo que hacía el molusco; luego observó los ojos cerrados de la mujer: algo parecía dolerle. Y entonces su mano bajó y tocó su sexo y no se detuvo hasta que empezaron las contracciones y se vio en medio de la sala con los calzones hasta las rodillas y su mano derecha descansando en uno de sus muslos, húmedo y brillante. Y desde entonces aquella urgencia la arremetía en forma de pulpo. Era imposible no verlo frente a ella cuando de la nada el corazón comenzaba a palpitarle aceleradamente, estuviera donde estuviera, quisiera ella o no; en medio del salón de clases cuando joven; esperando la luz roja mientras iba al volante de su auto; en medio de una comida con sus padres; a la mitad de una junta con su jefe o escribiendo una nota absurda.

Cerraba los ojos y ahí se encontraba aquel ser de ochos brazos tocándola. Trataba de controlarse, pero era como querer aguantar un estornudo; era algo orgánico más fuerte que la voluntad y que poco tenía que ver con la excitación externa. Debía dejar a medias lo que estaba haciendo para encerrarse en un baño y descargar aquello que sentía como una opresión en el pecho… en sus dos pechos que comenzaban a ponerse sensibles al tacto. Kuriaki sabía un poco de eso, pero no todo. Kuriaki era un buen tipo, a fin de cuentas. Luna ni siquiera se lo imaginaba, al menos eso creía ella. Aunque era un buen detective tenía la esperanza de que por lo menos se mostrara un poco transparente con él en esos asuntos.

Pasaron dos semanas y volvió a descorrer las cortinas para que su vecino pudiera contemplarla mientras se masturbaba. La primera noche, mientras veía cualquier cosa en la televisión, cerró los ojos y se bajó de golpe pantalón y calzones y se tocó, y la luz que buscaba atravesando la calle hasta su recámara nunca se encendió. Fue hasta el siguiente fin de semana cuando todo volvió a la normalidad. Se desvistió. Se excitó con sus senos y una de sus manos bajó hasta su sexo, y al abrir los ojos vio la luz atravesando la calle; la tomó por sorpresa, y aún más la mano de Mario Bazán saludándola desde su recámara. El orgasmo fue potente y las contracciones interminables.

Al día siguiente Mario Bazán llamó a su puerta. Cuando abrió se le cortó la respiración. Parecía una estatua. Él le pidió que fueran a tomar un trago a un bar cerca de lo que quedaba de la plaza de toros, sobre la avenida Paseo Triunfo de la República. "Hoy no", dijo ella por decir algo. "Entonces mañana", propuso él, y fue suficiente para que ella asintiera con la cabeza. Por razones de trabajo acordaron verse ahí. Cuando llegó, él ya la esperaba en una de las mesitas. Una mesa de madera oscura y redonda. Bebieron cerveza y platicaron del clima y del trabajo. La voz del mago era suave y a veces parecía murmurar. Cada vez que bebía suspiraba y decía: "¿En qué nos quedamos?", para así retomar la plática.

En un momento ella supuso que no tenía nada que hacer ahí. Mario era tan distinto a lo que ella pensaba mientras lo veía desde la ventana de su cuarto. Se vio sonreír por última vez a algún comentario y despedirse cortésmente. Volver a casa, tomar un baño y masturbarse mientras el otro Mario, el enigmático, la miraba a través de aquel pequeño abismo. Pero entonces dijo la palabra *amor*. Fue como haberle tronado los dedos en la cara.

—¿Perdón? —dijo ella.

—Te digo que deberíamos hacer el amor, tú y yo, ahora mismo. Alquilar una habitación aquí y ya está. Es obvio que no tenemos nada de qué hablar —murmuró el mago.

Ella se mordió un labio, miró el contorno brilloso de la mesa, barajó muchas respuestas, pero se sorprendió al contestar con un "Hoy no". El molusco gigante que era como su ángel de la guarda, ahora por alguna razón se mantenía lejos.

—Perfecto —respondió él sin más, como si hubiera sabido que esa sería la respuesta precisa, y luego, de la nada, comenzó a hablarle de la muerte.

De cómo a su abuelo, siendo niño, le había caído un tanque de gas butano de cincuenta kilos sobre la espalda y los doctores dijeron que nunca más podría caminar. "Me sentí morir", le dijo su abuelo años después, una noche mientras cenaban en la barra de granito de la cocina. —Se muere con cada respiración, es cierto —continuó el mago—, pero el asunto se acelera con el alcohol o cada vez que uno tiene un orgasmo. También hay otros tipos de muertes, aunque esas son las menos importantes.

—No lo había visto así —dijo Rossana.

—Claro que sí —le reclamó el mago—, no seas condescendiente conmigo.

Ella sonrió y él bebió más cerveza.

—¿En qué nos quedamos? —preguntó y la miró por primera vez, o eso le pareció a ella, y entonces, sin más, se besaron. Al principio con timidez, a fin de cuentas solo lo conocía por aquella ventana de su cuarto cada vez que él encendía la luz y la miraba desnuda apenas a unos metros. Un solo tipo de beso para una sola boca. Estaba nerviosa.

Me gusta, pensó ella. Así llegó el momento de despedirse, debía regresar al periódico y acabar con el trabajo de una buena vez. Tal vez si terminaba pronto podrían verse luego y no a través de la ventana. Se dejó acompañar al auto, y mientras avanzaba por el estacionamiento supo que algo se había roto aquella noche, y eso era bueno. Encendió el motor, se puso en marcha y vio al mago empequeñecerse en el espejo retrovisor.

Pasaron los días y ella, como siempre, se desnudó frente a la ventana y esperó a que Bazán apareciera. Así fue una semana completa hasta que un sábado el mago le pidió que lo acompañara a un *show* privado cerca del centro. Ella aceptó, y al terminar fueron a cenar al Shangri-La y de ahí a la casa; al bajarse se despidieron de mano y ella fue a su cuarto y en cuanto Mario Bazán apareció en la ventana del otro lado de la calle ella se masturbó, y antes de que el pulpo rojo se desvaneciera de su vista le mandó un beso, se recostó y se quedó dormida de inmediato.

Eran casi las dos de la mañana cuando su celular sonó. Del otro lado de la línea se encontraba Luis Kuriaki y le dijo que se sentía cansada y él entendió y colgaron. Ya lo compensaría.

Ahora su mente estaba con Mario Bazán. Después de aquella cita Rossana lo había acompañado un par de veces a sus presentaciones. Era divertido ver la expresión de sorpresa en la gente cuando creaba un *efecto*. Pero entonces sucedió algo. Aquella noche, después de terminar un *show* en El Paso, muy cerca de la Universidad de Texas, con un montón de personas que se llamaban *primos* unos a otros, se besaron. Llegaron a Ciudad Juárez, y antes de bajarse del auto frente a su casa, él se acercó y su mano buscó su sexo.

Ella permitió que sus dedos movieran su braga y la penetraran. La reacción fue extraña. No era lo mismo que la viera desnuda de lejos paseándose por la recámara o cogiendo con Luis Kuriaki. De alguna manera se sintió impotente, pero sensual, y como su sexo se humedecía aún más, aquel molusco enorme y rojo se comenzó a dibujar en su cabeza.

Se apeó del auto con urgencia y entró en la casa. Mientras subía las escaleras se iba desvistiendo: quería estar lista en su recámara para cuando Bazán estuviera del otro lado de la calle. Entonces llamaron a la puerta y contuvo la respiración. Supo que era él y sin ningún pudor bajó desnuda y abrió. Ahí estaba Mario, y en la sala, como aquella primera vez que vio el grabado de Katsushika Hokusai, se vino, se corrió.

Mario regresó a su casa antes de que amaneciera.

Al día siguiente, mientras Rossana se bañaba notó un par de moretones en las caderas. Los tocó. La piel estaba sensible en esa área. Recordó el momento. Fue mientras él la embestía. Sí. La había tomado por sorpresa, y de alguna manera le había hecho daño. Se mordió un labio y suspiró. Ahí en ese pequeño espacio morado se había quedado un recuerdo. Lo tocó de nuevo; el dolor apenas perceptible fue suficiente; la respiración se le aceleró y entonces se detuvo. Tenía un par de moretones y lo que sentía no era posible. No. Se terminó de bañar y salió de la regadera a su cuarto. Al vestirse algo la perturbó: ¿qué pasaría si aquel molusco se tornaba púrpura? ¿Qué pasaría?

~

La ventana de Mario Bazán seguía a oscuras. Suspiró. Presionó el botón de encendido de su celular para verificar la hora: casi las tres; se sentía cansada.

Decidió acostarse y esperar. "Quizá Kuriaki se atreva", dijo y se pasó una mano por los pechos; sintió los pezones duros, los apretó un poco y cerró los ojos.

Llamaron a la puerta y bajó a abrir.

Ahí estaba Mario Bazán.

Entró y fueron a la cocina.

Ella le sirvió un trago de *whisky* que se bebió de golpe.

—Tengo ganas de fumar —dijo ella, y se sentaron a la mesa del comedor.

Hablaron del trabajo y de la vida.

—Alguien dejó una rosa en el parabrisas del auto.

—Ha de ser un tipo muy tímido.

—¿Qué piensas que quiera?

—Lo que yo.

—¿Y eso qué es?

—Besarte.

—Alguna vez besé a un profesor mío —dijo ella en algún momento, y soltó el humo del cigarro.

—¿Hace cuánto de eso?

—¿De la rosa o del profesor?

—Del profesor.

—Yo tenía veintidós años y un día me invitó a su departamento. Bebimos *whisky*.

—Y nada más se besaron.

Ella le dio otra calada al cigarro.

—Desde entonces me depilo. A él le gustaba darme nalgadas.

—Me hubiera gustado conocerlo.

—Quizá lo conozcas —dijo ella, y miró su vaso casi vacío.

—Tengo poderes de verdad —le reveló el mago—, pero no sé cómo activarlos.

—No te entiendo.

—El truco de la Coca-Cola, ¿lo recuerdas?

—No.

—Ya te contaré lo que sucedió.

—Hoy tengo ganas de hacer algo distinto —dijo ella de pronto.

—¿Qué quieres hacer?

—Mejor te lo muestro, vamos —le respondió ella y se enfilaron a su cuarto. Estaba nerviosa, las piernas le temblaban un poco. Lo único que escuchaba era el ronroneo del motor del refrigerador confundiéndose con su respiración.

En su recámara ella dejó caer la bata a sus pies.

—¿Listo? —preguntó, y lo miró a los ojos mientras tomaba una de sus manos y la acercaba a su pecho.

Bazán alcanzó el seno izquierdo de la muchacha, lo acarició un poco y entonces sus dedos encontraron el pezón, ella pidió que lo apretara. Al principio él opuso resistencia.

—¿Estás bien? —preguntó el mago, pero entonces los dedos empezaron a cerrarse con fuerza.

—Más —murmuró Rossana, y él volvió a soltar.

—Por favor —dijo ella. Cerró los ojos al sentir nuevamente que el mago apretaba y el ardor en la piel; gimió y la mano aflojó un poco para volver a estrujar. Luego la presión se disipó y Bazán buscó el pezón derecho. Ella suspiró y en algún momento contuvo la respiración. Fue cuando comenzó a sentir los golpes con la mano abierta en ambos senos. Quiso defenderse; aquello dolía mucho más, pero no se movió. En cierto momento, por instinto, quiso detenerlo, pero Bazán la atajó. Comenzaron a jadear. La respiración se aceleró.

—No sé qué pensar —dijo él.

—Lo necesitaba —contestó ella con lágrimas en los ojos.

—Te voy a cuidar —dijo él.

—Lo sé —agregó ella.

Cuando Jorge Negrete murió en su casa de Los Ángeles, California, México estuvo de luto, incluyendo a su discípulo, Javier Solís. Cada vez que Jorge viajaba a la Ciudad de México aprovechaba para verse con el novel cantante en una cantina del Centro Histórico, donde le daba infinidad de consejos. "Sostén la voz". "Mira al público". "Mantén tu vida tranquila", le decía, mientras bebía solo agua. Cada vez que lo entrevistaban salía a relucir la joven promesa y les decía a los periodistas que anotaran bien su nombre porque iba a ser una bomba. Ambos trataron de acercarse a Pedro Infante, pero por alguna razón este desdeñaba la amistad que los dos habían desarrollado y hacía lo posible por mantenerse aparte. En más de una ocasión se negó a acompañarlos a la cantina. En la que sería su última visita a México, mientras comían Javier notó a su maestro preocupado.

—¿Qué pasa?

—No sé.

—Dígame.

—Algo no está bien, llaman al hotel para luego colgar sin decir nada.

—El mudo.

—Sí.

—¿Y cuál es el problema?

—También recibí esto —le dijo Jorge, y le alargó un sobre.

Javier lo miró a los ojos, luego tomó el sobre y sacó de él una hoja mecanografiada con una sola frase al centro: DESPÍDETE.

Javier frunció el ceño y preguntó si era una broma.

—No lo sé.

—¿Se la mostró a la policía?

—¿Qué le diría?

—Lo que dice la carta y lo de las llamadas.

Jorge lo masticó un segundo, le dio un sorbo a su vaso de agua y dijo que lo haría al día siguiente por la mañana.

La plática continuó, y cerca de las cinco, cuando empezaba a clarear, se despidieron.

El día del viaje de regreso a California, Jorge llamó a Javier y le dijo que se verían pronto.

Después, a los dos días encontraron a Jorge muerto en su casa en medio del pasillo que desembocaba en la cocina. Se sabe que tenía muchos problemas con María Félix y que seguía viendo a la joven actriz Gloria Marín. Dicen que el estrés fue lo que lo mató, el cansancio acumulado por haberse involucrado en la conformación de la ANDA. Su hígado no resistió. Pero todo eran solo especulaciones. A la semana de su muerte, Javier Solís recibió una carta. El sobre no tenía remitente. Extrañado, Javier la abrió: FALTAN DOS, decía la hoja mecanografiada.

Durante días Javier estuvo rumiando esa frase: ¿Dos qué? Luego, una noche soñó con Jorge Negrete que daba una conferencia de prensa. Siempre había dicho que los mejores cantantes mexicanos eran tres. "¿Los tres grandes?" preguntó un reportero, y él asintió. Se refería a Jorge Negrete, Pedro Infante y Javier Solís.

Se despertó hecho una sopa de tanto sudar y ya no pudo dormir. Justo a las nueve de la mañana llamó a Pedro Infante. Tras hablar un poco, Pedro le dijo que aquello era una pendejada y que los muertos tenían que estar en paz.

Javier realmente estaba preocupado porque las cartas no dejaban de llegar. Hojas mecanografiadas con frases escuetas y aterradoras: SOLAMENTE ME FALTAN DOS Y YA TE ENTERASTE DE QUIÉNES SON. LAS COSAS SUCEDERÁN CUANDO YO LO DECIDA. HABLAR ENTRE USTEDES NO LOS AYUDARÁ EN NADA.

Javier volvió a buscar a Pedro; lo vio varias veces en distintos lugares de la ciudad, pero no se atrevía a acercarse, hasta que un día lo encaró afuera de los Estudios Churubusco. Le volvió a contar lo que sucedía, que parecían amenazas reales; le recordó lo que le había sucedido a Jorge. Pedro, harto, le dijo que lo dejara en paz de una vez por todas.

Javier trató de olvidar el incidente, pero las cartas, si bien esporádicas, seguían apareciendo. Aun así la vida tenía que seguir y se acostumbró a hacer su vida, aunque con cierto miedo, pero al final concluyó que ese miedo era parte de la vida misma. Comenzó a grabar sus primeras canciones, y gracias al apadrinamiento que había tenido de Jorge Negrete las cosas parecían empezar a fluir. Por fin vislumbraba dejar la carnicería donde había trabajado durante años, porque los contratos para cantar en los cabarets comenzaban a llegar.

—Dímelo tú a mí.

Javier no respondió.

—Si eres tú quien está detrás de esto, por favor, es suficiente —dijo, y colgó.

Lo que se sabía era que Pedro había muerto en un accidente de aviación en la ciudad de Mérida.

Esa era la verdad histórica.

Pero pocos conocían la Verdad; entre ellos el médico forense que realizó la autopsia, un puñado de policías y la familia más cercana. Pedro Infante murió de un paro cardiaco por envenenamiento mientras pilotaba su avión, antes de estrellarse en pleno centro de la ciudad de Mérida.

La familia, tal vez horrorizada al saber que Pedro había sido envenenado, prefirió ocultar los detalles sobornando a los que fue necesario sobornar. Javier esperó las reclamaciones de la familia, pero estas nunca llegaron, por lo que dedujo que nadie sabía de las cartas, con excepción de los cantantes.

~

Unos días después de la tragedia, Javier recibió otra carta donde se podía leer: AHORA SOLO ME FALTAS TÚ.

Pero tenía más cosas de qué preocuparse. Empezaron a correr los rumores de que había tenido que ver con la muerte de ambos. Entonces se deprimió y abandonó los escenarios.

En una altercado afuera de su casa alguien lo llamó "asesino". Fue entonces cuando Javier pronunció una frase por la cual se le recuerda: "No tuve nada que ver con la muerte de Jorge, mucho menos con la Pedro. Si quieren mándenme a quienes ustedes quieran para platicar".

Dejó de salir de casa por miedo.

"Apenas tengo treinta y cuatro años y ya canté todo lo que tenía que cantar", le confesó a su esposa Socorro una mañana en la que ni siquiera pudo salir de la cama.

Pasó dos meses recluido en su cuarto. La única persona con la que tenía contacto era con ella, quien, dándole ánimos diariamente, le devolvió la salud.

Para entonces la gente que había estado en su contra empezó a comprender la situación en la que se encontraba y comenzó a reunirse afuera de su casa con la esperanza de verlo. Le llevaban mantas deseándole buena suerte y mariachis que cantaban sus canciones: *Payaso*, *En mi viejo San Juan* y

Sombras. Eso fue suficiente para que se repusiera por completo.

Pero la suerte le tenía preparada una jugarreta terrible. Durante la grabación de un disco con la Filarmónica Nacional fue internado de emergencia en un hospital debido a una infección en la vesícula de la que nunca se repuso. Pero existen otros detalles que no se han difundido. Al estar en el hospital de alguna manera se sintió liberado del autor de las cartas. Creía que ya no le podría hacer daño. Pero estaba equivocado. Murió en el cambio de turno de las enfermeras. Javier se quedó veinte minutos solo, tiempo suficiente para que la enfermera y su médico lo encontraran muerto. Los resultados de la autopsia no fueron concluyentes, aunque hablaba de envenenamiento por el medicamento que se suponía lo aliviaría. Nunca se pudo confirmar.

Con él, los tres grandes se acabaron.

Mariano Leyva sabía del caso por algunos compañeros policías dispersos por la República; entre ellos acumulaban teorías sobre lo sucedido a los tres grandes. Corría el rumor de que un asesino serial estaba involucrado. Los sospechosos comunes iban desde algún fanático de la música vernácula, porque había ciertos ramos de flores similares que los cantantes recibían cada determinado tiempo (pero al tratar de rastrear al destinatario se topaban con pared), hasta un director de vestuario apasionado de la vestimenta de charro, que se creía había trabajado en las películas de los tres, y que como los consideraba maravillosos no quería verlos envejecer y caer en desgracia como otros artistas, olvidados y en la pobreza. Pero dicho director de vestuario había desaparecido en un viaje a Cuba a principios de los setenta. Nada era seguro. Todo eran sombras.

Pero tal como lo veía el joven policía, todo México estaba cubierto de sombras, nada más, que ocultaban cosas, detalles, fragmentos. En mil novecientos sesenta y seis el último de los tres grandes había muerto, pero apenas era como si las sombras comenzaran a cubrir al país por completo. Un crimen impune tras otro y otro más, como las primeras fichas de dominó que caen para empujar a las otras, hasta llegar a nuestros tiempos oscuros.

Eso sí le interesaba. Pertenecía al Club Solís y cada cierto tiempo revisaba datos, cruzaba información y hacía conjeturas con sus demás integrantes. A veces sentía que se acercaba a la verdad, y otras que se alejaba aún más de ella. Pero eso era importante, y no como el pendejo de Johnny Knoxville y su supuesto arte, que Álvaro Luna cultivaba. Por supuesto que sentía aprecio y admiración por el agente; de alguna manera quería ser como él. Sabía las cosas que había hecho, como la ocasión en que se lanzó desde un tercer piso sobre un maleante, saliendo apenas con moretones, aunque el sospechoso había quedado paralítico. De alguna manera sentía que era su mentor, pero eso, estaba convencido de ello, no justificaba su admiración por el gringo cincuentón. No lo entendía, y por tal motivo seguía censurando los actos extremos del fundador de Jackass, como recibir disparos en el abdomen con balas de goma antimotines, ser golpeado por un boxeador profesional para terminar desmayado en el cuadrilátero o volar por el aire haciendo maromas al ser embestido por un toro en nombre del arte, en nombre de una clase social reprimida, como era el caso de Álvaro Luna.

Durante la noche, Gabriela Trujillo, una mujer de veintidós años, murió a causa de una sobredosis de heroína en un picadero de la colonia Bellavista. Su compañero, al ver los primeros espasmos y la espuma que salía de su boca, optó por huir del lugar. Luego de eso la ciudad quedó en calma, como satisfecha por el sacrificio.

Por la mañana, Luna se sorprendió de ver a Luis Kuriaki afuera de la casa de Sonia Torres y detuvo el auto en seco.

—Pinches periodistas, cómo le hacen para enterarse de todo —lo atajó Leyva antes de abrir la puerta.

—Por favor —dijo Luna mientras se pasaba la mano por el cabello—. No se bajen —les pidió a Taverna y Botello en el asiento trasero. Se apeó del auto y caminó hasta el periodista.

—Vengo por lo del joven —dijo Kuriaki, y levantó la credencial que llevaba al cuello.

—Quítate eso —respondió Luna.

—¿Puedo entrar con ustedes?

—No —contestó Leyva, y Luna levantó la mano para que no dijera más.

Luna se acercó demasiado a Kuriaki.

—Lo puedo reportar —amenazó Kuriaki.

—Me hacen los mandados.

—Hay alguien que no —respondió Kuriaki. Entonces Luna se retiró apenas un poco. Corría el rumor de que de alguna manera Luis Kuriaki era amigo del agente Julio Pastrana. Era un rumor que había comenzado hacía un año.

—Pastrana no está aquí.

Kuriaki escupió al suelo.

—Chingao —pinche Kuriaki, de qué sirve si ya veo que tendrás la información mañana mismo.

Kuriaki se encogió de hombros.

—Puede que sí, pero al menos habrá cooperación de la policía. ¿Y ellos quiénes son? —preguntó Kuriaki mirando al hombre de sombrero y a su acompañante en la parte trasera del auto.

—Suenas como actor de película, ¿cuándo han tenido nuestra cooperación?

—Al menos corrobore lo que sé.

—Lo corroboro —contestó Luna mirando al suelo.

—¿Y quién es el del sombrero? —insistió Kuriaki observando el auto del agente.

Ahora Luna fue quien escupió al suelo. Hacía frío. En la distancia sonó un claxon. Las casas de los alrededores parecían vacías. Era como ver a un par de pistoleros tratando con todas sus fuerzas de no desenfundar, como en una especie de antiduelo.

Cuando Kuriaki se dirigió de regreso al auto, Luna le preguntó si aquello valía la pena. El periodista se detuvo.

—¿A qué se refiere?

—A esto, a la nota que vas a publicar, a si ayudará al muchacho, a su madre.

Luis Kuriaki se dio la vuelta y lo encaró.

—Aquí estoy yo y usted está a mi lado y nadie sabe lo que pasará en esa casa en las próximas horas. Usted haga lo que tiene que hacer y yo haré lo que deba hacer. —Luego se dio la vuelta, alcanzó la puerta de su auto y la abrió.

—Al menos espera un día más para sacar la nota.

—Lo pensaré —dijo Kuriaki.

—Deberías aceptar el cheque.

Luis se paró en seco.

—¿Cómo?

—También nosotros sabemos cosas de ustedes.

—De eso me enteré hace más de un año —dijo Luis, y se subió al auto.

Al marcharse el periodista, Taverna se apeó del auto y se acercó a Luna.

—¿Y ese quién es?

—Un amigo —respondió el agente y caminó hacia la casa.

～

Las negociaciones comenzaron a las nueve de la mañana en punto. A las diez Taverna salió sudando de la cocina y dijo que habían vuelto a subir a un millón la recompensa. Junto con Botello salieron a fumar al jardín. Nadie los había visto fumar antes. En ciertos momentos Botello decía algo y el Negociador asentía o negaba. Luego se quedaron en silencio con los brazos en jarras mirando las casas de enfrente y el cielo abierto.

Sonia Torres se asustó y su hermano le dijo: "Te lo advertí ", y señaló un maletín a su lado. En ese maletín se encontraba el millón de pesos que había prometido tener a tiempo.

Taverna y Botello regresaron a la cocina y los murmullos por teléfono se reanudaron. Era un cuchicheo constante, de pronto enérgico y de pronto suave, como si estuvieran en oración.

Dos horas después salió Taverna. Estaban de nuevo en medio millón.

Él y Botello se veían tranquilos. Sonia Torres soltó un largo suspiro.

La mecánica de las negociaciones era algo que admirar, según confirmaba Leyva: Botello murmuraba al oído de Taverna y este murmuraba al teléfono. Era un ir y venir constante de suspiros y caminatas en círculo por la cocina.

A las dos de la tarde Leyva salió y regresó con hamburguesas para los agentes. Comieron en silencio, y al terminar el Negociador y Botello salieron al jardín a planear el siguiente movimiento.

Luna no dejaba de observar la estatuilla del dálmata y pensaba que si eso no terminaba pronto no podría ir a ver a Johnny Knoxville en El Paso.

Había invitado a Julio Pastrana a la plática del *performancero* y actor, pero con tan solo verle la cara supo que no lo acompañaría. Luego se lo imaginó ahí mismo en la casa de Sonia Torres quieto como un robot, esperando la orden para destrozar lo que tuviera que destrozar.

Por supuesto que lo llamaría para pedirle ayuda en cuanto la cosa se pusiera ruda. Como ya se sabía, no irían tras los secuestradores, pero un robot como Pastrana de su lado siempre resultaba útil. Por ahora todo parecía ir bien adentro de aquella cocina. Sin embargo, en cuanto soltaran al muchacho las cosas podían cambiar de rumbo.

~

Esa noche Sonia Torres se encerró en su cuarto y trató de dormir, pero al cerrar los ojos la imagen de su hijo sonriendo se dibujó en su cabeza. Se puso una almohada en la boca y apretó y gritó hasta caer rendida de cansancio.

En el hotel, Botello y Taverna pidieron arrachera término medio y una orden de papas fritas con chimichurri. Cuando llegaron los platos no comieron nada. Solo miraron la carne y empezaron a beber otra botella de *whisky*.

—No sé —dijo Taverna, y lanzó el sombrero sobre una silla.

—Sí sabes —contestó Botello.

—Desde hace mucho no me sentía tan pendejo. Ni siquiera con aquel caso de Monterrey.

—Esto es igual —contestó Botello.

—No es igual.

—Allá hubo un dedo de por medio.

—De eso tengo miedo.

—Tranquilo, Santi, tranquilo, te apuesto el sueldo de un mes a que esto se arregla mañana mismo.

—Chingao —respondió Taverna, y con el dorso de la mano apartó el plato frente a él. Hacía muy poco frío, pero sentía los dedos entumecidos.

—Chingao —dijo Botello, le palmeó el hombro y le sirvió *whisky* hasta el tope—. Samantha Valdez sigue en el hospital —agregó.

—Tan lejano que parece Culiacán, ¿verdad? —dijo Taverna.

~

El agente Luna hizo cuentas del tiempo que faltaba para ver a Johnny Knoxville y supo que estaba casi por perder la oportunidad. Luego miró el periódico sobre la mesa. "Pinche Rossana", dijo al tiempo que leía la primera plana: según la nota, los extraterrestres eran los responsables de la abducción de un tal Sergio Galaviz. Si Kuriaki ya tenía la información, ¿por qué le había mentido de esa manera? ¿Entonces a qué había ido a casa de Sonia Torres por la mañana? "¿A verme la cara?", se preguntó en voz alta.

Al menos los Torres estaban demasiado ocupados en recuperar al muchacho como para hacerle caso al periódico, pensó Luna y destapó una cerveza.

En su casa, Leyva calentó un litro de agua y bebió mate. Luego no pudo dormir por el efecto, pero pareció no importarle. Encendió la computadora y buscó en su colección de música a Javier Solís y sonrió. A las seis de mañana, cuando los ojos estaban a punto de cerrársele, sonó el despertador. De un manotazo lo apagó y se volteó en la cama y cerró los ojos. Luego suspiró. "Chingao", dijo y se levantó. Tenía que hacer ejercicio antes de reunirse con Luna.

~

Eran las doce de la noche cuando Luis Kuriaki se despertó sobre la computadora en su recámara. En la mano sostenía la bolsa de cocaína que guardaba en el fondo del cajón de uno de sus burós. Se sorprendió y se pasó una mano por la nariz. Estaba seguro de que no había tomado nada. Luego recordó que había soñado con su amigo Raymundo y lo llamó a su celular. La llamada se desvió de inmediato a la contestadora automática.

—¿Dónde andas, cabrón? —dijo, y colgó.

En el sueño aparecían Raymundo y una amiga llamada Verónica Mancera. La última vez que se vieron fue unos meses atrás, antes de Navidad, en El Recreo, un bar sobre la 16 de Septiembre. Aquella noche distinguieron a Verónica al final de la barra, mientras bebían Tecate con sal y limón. Era socióloga. Platicaron un poco. Les dijo que estaba haciendo una investigación bastante peliaguda. Kuriaki le pidió que le contara más. Verónica respondió que pronto lo haría. "Quizá hasta necesite de tu ayuda", le dijo, se miraron y se codearon. A Luis le parecía guapa. En el sueño Verónica se tapaba los ojos con ambas manos.

"¿Dónde estará?", se preguntó Luis en voz alta y miró el cielo oscuro a través de la ventana. Buscó su contacto en el celular, pero no lo localizó. Tomó la bolsa de plástico con cocaína, sintió su textura, la amoldó a su palma y la volvió a poner en su lugar.

Se recostó en la cama y al cabo de un momento se le cerraron los ojos y comenzó a soñar. En el sueño aparecía un reloj de arena gigantesco que en vez de arena estaba lleno de dagas. Al lado del reloj se encontraba Verónica Mancera.

—Hola —dijo Verónica en algún momento, pero el tintineo constante de las dagas del reloj al caer no permitía escuchar nada más.

—¿Qué haces en mi sueño? —preguntó él.

—Esto no es un sueño —dijo ella, y tocó la pared de cristal del reloj.

—¿En dónde estamos? —preguntó Luis.

Verónica se tocó una y otra vez la sien con los dedos de la mano derecha; como el ruido era intenso no escuchó lo que le respondía ella, pero pudo leer sus labios: *Estamos aquí*, fue la frase que formaron. Luego Luis despertó justo cuando amanecía.

~

Alrededor de las once de la noche el agente Pastrana llegó a una casa cerca de la iglesia del Sagrado Corazón. Se apeó del auto, estudió la casa: la luz de la sala era la única encendida, oteó los alrededores, se acercó a la puerta mientras se calaba unos guantes de piel negros, giró la perilla y entró sin ningún problema.

—La puerta estaba abierta —dijo en cuanto vio a Pablo Espinoza en piyama mirando la televisión con un bol de palomitas en su regazo.

—¿Quién es usted? —alcanzó a decir Espinoza antes de sentir el primer golpe en la cara. Luego algo sucedió con su mandíbula porque el grito fue intenso.

—Te manda saludos Carmen desde el hospital —gruñó Pastrana y siguió golpeándolo hasta que Espinoza quedó inconsciente. Carmen, esposa de Pablo, se encontraba hospitalizada, entre otras cosas con desprendimiento de retina y rotura de uno de los pómulos, a causa de la golpiza que había recibido por parte de Espinoza.

~

A la una de la mañana, en la colonia Jardines del Aeropuerto, al llegar borracho a su casa, Julio Holguín se enfrascó en una riña con su madre, Hortensia Ramírez. Ella le reclamó su manera de beber. Él le respondió que lo dejara en paz; entonces ella le dijo que se fuera de la casa. Fue cuando empezaron los empujones: en algún momento ella le dio una bofetada y él la azotó contra el fregadero de la cocina.

—Ayúdame —dijo la mujer a la que parecía faltarle aire para hablar.

Julio Holguín miró a su madre en el suelo. —Por borracho me pasan estas cosas —balbuceó llorando, pero no pudo acercarse a su madre. Se enjugó el rostro y salió de la casa a un bar clandestino cerca de ahí.

A su regreso encontró a Hortensia sin vida en el piso.

—Por borracho me pasan estas cosas —dijo, se sentó en la orilla de la cama y comenzó a llorar.

A la mañana siguiente las cosas comenzaron igual que los últimos días en casa de Sonia Torres. Café, murmullos y caminatas por la cocina.

Luna buscó el periódico en la casa, pero no lo encontró en ningún lado y sintió alivio.

Botello decía algo al oído de Taverna y este negaba o asentía según fuera necesario. Desde lejos, a Mariano Leyva le parecía que eran el pícher y el cácher en un juego de beisbol pactando la siguiente jugada.

A las doce Taverna colgó el teléfono y ambos discutieron, casi en silencio. Luna se levantó del lugar y se aproximó, pero cuando iba a preguntar si todo estaba bien, el teléfono sonó de nuevo y retomaron la negociación.

Así pasaron cuatro años en los que a veces su vida parecía como una montaña rusa, aunque con algunos momentos de tranquilidad, hasta que recibía alguna de aquellas malditas cartas. A finales de marzo de mil novecientos cincuenta y siete, mientras descansaba en su casa, recibió otro sobre. Al principio lo apartó y estuvo a punto de romperlo, pero la curiosidad fue más fuerte y finalmente lo abrió. La hoja que estaba en su interior decía: "NO TE OLVIDES DE MÍ, SUCEDERÁ PRONTO". A Javier se le fue la sangre a los pies, estuvo a punto de desmayarse y le pidió a su esposa que se quedara con él lo que restaba de la tarde, pero no tardó en recibir la terrorífica llamada de Pedro Infante.

—Ya sucedió —le dijo Pedro.

—¿Qué pasó?

—Recibí una carta.

—No entiendo —dijo Javier palideciendo.

—Si tienes algo que ver en esto, es suficiente.

—Chingao —dijo Javier, luego suspiró y agregó que se tranquilizara.

—No entiendo.

—Ayúdame a entender, Pedro.

—La carta dice que es mi turno.

—¿Qué significa eso?

Javier se comía las uñas y miraba el maletín con el millón de pesos en la mesa de centro. Era un maletín grande de piel.

Mariano Leyva en algún momento se acercó a ellos. "No habrá ningún dedo en la puerta de esta casa", escuchó decir a Taverna. Y en cuanto Botello se percató de su presencia, acercándose le pidió que tomara asiento y que por favor les diera un espacio.

A las cuatro de la tarde Taverna colgó el teléfono.

—Tenemos que movernos rápido —le dijo a Sonia Torres—, quedó en trescientos mil pesos, cosa inaudita.

—Esto me huele mal —dijo Javier.

—Luna, necesitamos refuerzos —le exigió Taverna.

El agente tomó su teléfono y llamó a Pastrana.

—¿Qué necesitamos hacer? —preguntó Sonia Torres.

Botello se acercó a ella con el maletín del dinero y le pidió que separara doscientos mil y cien mil más.

—Eso está mal —dijo Javier—. Ya tenemos lo que nos piden.

Leyva comenzó a contar el dinero.

Pastrana llegó casi a las cinco de la tarde con el equipo que había pedido Taverna: rifles de asalto, cascos y chalecos antibalas.

—¿Quién más va a venir? —preguntó Taverna.

—Nadie —contestó Luna.

Mientras se colocaban los chalecos, Taverna le pidió a Pastrana que tomara el suyo porque era el procedimiento.

Pastrana lo miró a través de sus lentes negros, no dijo nada y tampoco se movió de su lugar.

—¿En qué puedo ayudar? —preguntó Sonia Torres.

—Quédese aquí —contestó Taverna mientras inspeccionaba el rifle que tenía en sus manos.

Javier se acercó a Sonia Torres y la tomó del hombro. Le pidió que se calmara.

—Al menos dígame qué harán cuando recuperen a mi hijo.

—Lo llevaremos a la central —dijo Leyva.

—Vamos —ordenó alguien más, y en el quicio de la puerta Sonia detuvo a Taverna: —Que Dios los ayude.

—Cierre la puerta —respondió Taverna y todos subieron a la Suburban que Pastrana había pedido al Semefo.

La Suburban enfiló por la avenida Gómez Morín rumbo al Valle de Juárez. Al tomar la carretera 2, hacia Zaragoza, Luna miró por el retrovisor y vio el auto de Luis Kuriaki detrás de ellos.

Con cautela le hizo una seña a Pastrana para que verificara quién los seguía. Pastrana miró por el retrovisor, pero su rostro no cambió de expresión. Una pared de concreto puro. Aceleró, se pasó un semáforo en rojo y Kuriaki quedó atrás.

Diez minutos después, en Loma Blanca, Luna volvió a distinguir el auto de Kuriaki cerca. "Este cabrón", murmuró, y Pastrana encendió la torreta, aceleró un poco más, pasó algunos balnearios y en algún momento rebasó una caravana de seis autos.

Luna sonrió y Pastrana con voz ronca dijo que aquello no sería suficiente.

En San Isidro bajaron la velocidad. Taverna comentó que ya estaban cerca y señaló el anuncio de un *yonke* llamado El millón.

—Ahí —dijo Taverna, celular en mano, señalando la calle de tierra al lado del anuncio.

El Valle de Juárez había sobrevivido mucho tiempo por el algodón que se sembraba, y antes de eso por los viñedos que ahí proliferaron, pero ahora de aquello apenas si quedaban algunos canales de riego y maquinaria vieja en medio de los terrenos secos.

Cuando llegaron al lugar indicado Taverna le pidió a Pastrana que no apagara la camioneta. Miraron por las ventanillas. Surcos y tierra resquebrajada. Una cortina de árboles ralos al frente.

—El muchacho está bien —dijo Taverna, y sin pensarlo mucho se apeó, levantó las manos justo como le habían pedido los secuestradores. A unos metros al lado de un canal de riego localizó la manta negra donde debía dejar el dinero y un celular. En cuanto dejó el maletín allí, desde la oscuridad de los árboles resecos al fondo alguien jaló con cuerdas la tela negra. Sonó el teléfono.

—Ahora irán a Caseta —gruñó una voz al otro lado de la línea. En la cajuela de un Focus negro, justo al lado de la cantina La Pizca, estará el muchacho.

—Vivo, ¿verdad?

La línea quedó muda.

—Chingao —dijo Taverna y avanzó hasta la Suburban—. Vamos —añadió al acercarse a la camioneta. Pastrana lo miró.

—Es nuestra oportunidad —agregó Botello.

Pastrana apretó el volante.

—Lo que Pastrana quiere decir —terció Luna—, es qué tipo de alternativa tenemos.

—Ninguna —dijo Taverna.

—Ninguna —repitió Pastrana.

—Tenemos que movernos —insistió Taverna ya en su lugar, y entonces Pastrana aceleró.

Condujeron a Caseta hasta ver el auto sobre la calle principal del pueblo, a unos metros de una cantina llamada La Pizca.

Al ver el auto Pastrana se detuvo.

—¿Qué hacemos ahora? —preguntó Luna.

No había nadie en la calle. Botello miró por unos prismáticos para constatar que estaban solos.

—Al menos nadie está mirando —dijo Leyva.

Pastrana, sin más, abrió la puerta y se apeó.

—No lo hagas —dijo Taverna desde el asiento trasero, pero Pastrana no hizo caso. A unos doscientos metros de ellos se detuvo el auto de Kuriaki.

Pastrana llegó al Focus negro, miró hacia el interior, abrió la puerta del piloto, jaló la palanca de la cajuela y se acercó a ella. En cuanto la abrió vio que estaba vacía.

—Chingao —dijo, y se masajeó los ojos.

Taverna se apeó, se acercó y entendió.

—No puede ser —exclamó y empezó a respirar aceleradamente. Escupió al suelo y se quedó mirando la saliva en el asfalto un rato hasta que se dirigió a la gente que ya se empezaba a congregar a su alrededor para preguntar si alguien sabía algo. Parecía que nadie había visto nada hasta que una mujer de mediana edad dijo que la policía se había llevado preso a un muchacho hacía unos treinta minutos.

—No chinguen —dijo Taverna, y se dirigieron a la estación de policía de Caseta.

El lugar era pequeño y de color blanco sucio. Olía a cebolla y a comida frita.

Taverna habló con Gilberto Rosales, un policía escuálido.

Rosales le dijo que efectivamente ahí estaba detenido Rolando.

—¿De qué se le acusa?

—El auto donde se encontraba no era su auto.

—No chinguen.

—No era su auto.

Taverna le explicó la situación.

Luna se pasó la mano por el cabello engominado.

Pastrana se acercó al policía, pero Taverna lo detuvo.

—Todo esto puede ser suyo —le dijo al policía, y este miró de reojo una bolsa de piel negra.

Al final soltaron al joven por diez mil pesos.

Había veces en que la suerte no estaba del lado del Negociador, pero afortunadamente esta vez no había sido así. Esta vez.

Cuando regresaban a El Millón, Pastrana y Luna miraron por los retrovisores; aparte del auto de Luis Kuriaki, descaradamente cerca, no había nadie conduciendo que les pareciera sospechoso. Rolando iba en el asiento trasero, entre Taverna y Botello, mirando la alfombra de la Suburban. En algún momento Leyva le alcanzó un botellín de agua que el muchacho con mano temblorosa y huesuda tomó y bebió en silencio. Estaba muy flaco y con el rostro y cabello sucios. Olía mal.

El resto del dinero fue depositado en el mismo lugar y sobre otra manta a mitad del campo seco de algodón para dar el asunto por terminado.

Antes de llevar al joven a la estación, y rompiendo cualquier protocolo, la Suburban se enfiló a casa de Sonia Torres.

En la casa, mientras Rolando lloraba al lado de su madre y tío, sonó el teléfono y Taverna lo levantó.

—Eres un profesional —gruñó la voz al otro lado de la línea.

—Es mi trabajo —dijo el Negociador.

—Excelente —gruñó la voz y la comunicación se cortó.

～

Esa noche los agentes fueron a festejar al restaurante Pockets, cerca del hotel. En la mesa comentaron la nota de la abducción de los extraterrestres.

—Qué bien —dijo Botello.

—Sí —completó Taverna y brindaron.

En algún momento Taverna salió a fumar, seguido por Luna.

Taverna miraba hacia el norte, hacia la estrella encendida sobre la montaña Franklin. Una estrella de cinco picos formada por casi quinientos focos blancos, como una gran serie de luces de Navidad.

—Nunca he viajado a Estados Unidos.

—Lo mismo que pasa aquí pasa allá —dijo Luna.

—Quizá.

—Antes, la estrella solo se encendía en diciembre, pero en los noventa, cuando comenzó la guerra del Golfo, decidieron que se quedaría encendida hasta que el último soldado regresara a casa. Desde entonces no se apaga —comentó Luna.

Taverna se llevó el cigarro a la boca. —Un día llevaré a mi esposa a Los Ángeles —dijo mientras el humo del cigarro se confundía con el vaho.

—¿Sabes adónde fue Pastrana? —preguntó Luna.

—Cuéntame.

Luna sacó su celular, lo desbloqueó y le mostró una foto. En ella aparecía una mujer con el labio roto y morado, un hilo de sangre le corría del oído izquierdo hasta el cuello. —Su marido le hizo esto —dijo.

Taverna lo miró a los ojos y entendió.

—Al pendejo de su marido no sabe lo que le espera —agregó Luna.

Taverna sonrió, le dio otra calada al cigarro y de un golpe lo lanzó con el dedo a la calle, para luego regresar al calor del restaurante.

Rossana abrió la puerta de su casa. Eran las dos de la mañana y en el porche se encontraba Luis Kuriaki.

—Pasa —le pidió ella.

En la cocina sirvió Jack Daniel's en dos vasos. Después fueron a la sala y él le tomó la mano. Platicaron del trabajo un rato hasta que se quedaron callados mirándose a los ojos.

—Ya van dos veces que sueño con una amiga.

—¿Es guapa?

—Eso no tiene nada que ver.

—Entonces dime.

—Creo que le pasó algo.

Rossana fue hasta la cocina y sirvió más Jack Daniel's. Cuando regresó con una seña le indicó a Luis que la siguiera.

Fueron a su recámara en el segundo piso.

—¿Ya la llamaste?

—No tengo su teléfono.

—No le ha pasado nada, verás.

—No estoy tan seguro.

—¿Quieres saber de qué color son ahora?

—Dime.

La muchacha de golpe se quitó los pantalones; debajo, igual que en la oficina días atrás, no llevaba nada.

—Por fin sé quién es tu informante en la policía.

Rossana se cruzó de brazos.

—¿Y?

—Solo eso —respondió Luis y alcanzó el interruptor y apagó la luz.

—Quizá siempre lo has sabido.

Luis le dio un sorbo a su vaso y miró más allá de ella. Había un muñeco de peluche color morado que hacía juego con un par de pantuflas y un saco. El cuarto olía a uva y el color acentuaba aquello.

—¿Y tu amigo el de la ventana?

—No sé —dijo ella, y abrió un poco más las piernas.

Luis se acercó, le acarició el cabello; luego, con una mano le tapó los ojos y la besó.

—Eres como un gran pulpo —dijo ella y le desabrochó el cinturón y el pantalón y su mano buscó el pene erguido.

—No importa que te acuestes con un policía —dijo él.

Ella, de un solo movimiento se quitó la blusa.

—Eso no sucede —respondió.

—No me importa —murmuró Luis mientras su mano buscaba la entrepierna húmeda de Rossana.

El aroma a uva se intensificó.

—Cuando estoy en mi casa te imagino desnuda y con un pene en la boca, entonces me vengo.

—¿Me quieres?

—Te quiero.

—Sé que te acuestas con otras.

—Deberías irte a vivir conmigo.

—¿Y eso?

—Piénsalo.

—Creo que mejor deberías pensarlo tú —dijo ella, entonces se puso de rodillas y se metió el pene de Luis en la boca.

Esa noche hubo dos muertos por monóxido de carbono en una vecindad de la calle Oro, en el centro. Uno más murió por quemaduras de tercer grado cuando se quedó dormido con el cigarro encendido en la mano en Infonavit Aeropuerto, al sur de la ciudad.

A las tres de la mañana, en la colonia Salvárcar, Andrés Bustamante murió de dos balazos a manos de su hermano Julián al descubrir que su mujer, Rita Olguín, le era infiel con el muerto. Lo sospechaba desde hacía un mes, y para asegurarse empezó a vigilarla hasta que la siguió a un motel sobre la avenida Casas Grandes y vio cómo se encontraban en la puerta del cuarto 11. Devastado, regresó a casa y comenzó a hacer la maleta para irse, pero luego recapituló. Él no tenía que ir a ningún lado. Al día siguiente, un poco más tranquilo se dijo que todo se arreglaría si lo platicaban los tres. Quizá el divorcio no fuera la opción, ya que siendo su propio hermano hasta podría perdonarlo, se abrazarían. Rita era hermosa y podía entender lo que provocaba en los hombres. Decidido a platicar, la esperó despierto esa noche hasta que llegara de su trabajo para tomarse unas cervezas, pero entonces recibió una llamada de Julián. Algo cambió con aquella llamada. Imaginó la boca de su mujer besando aquellos labios y chupando su pene. Le dio asco y coraje.

A mitad de la conversación colgó el celular y lo apagó. Fue a la recámara, encontró el revólver 38 especial que su propio hermano le había regalado un año atrás en Navidad. El cañón era muy corto y el tambor podía cargar cinco balas. Después de asesinarlo regresó a casa, besó a su mujer que dormía y antes de que despertara le disparó en la sien y luego se quitó le vida. Su vecina, Adriana Basurto, fue quien llamó a la policía cuando escuchó el estruendo. Al pasar una hora y ver que la policía no aparecía volvió a marcar y de nueva cuenta tuvo que denunciar lo que había escuchado y dar la dirección exacta. La patrulla apareció en el lugar de los hechos una hora después.

A las ocho de la mañana Luna pasó al hotel de Taverna y Botello para llevarlos al aeropuerto. Le pareció que Taverna se veía cansado.

Qué se me hace que estos dos..., pensó y se interrumpió. Se los imaginó a ambos en una recámara. En una cama. Desnudos.

Ya en el aeropuerto se dieron la mano.

—Gracias —dijo Luna.

—El problema no termina aquí, habrá otros casos de secuestro. Las aguas se están moviendo allá en Culiacán, así que las ondas les llegarán pronto.

—Quizá yo ya esté muerto para entonces.

—Ni que tuvieras tanta suerte —dijo Taverna, le dio un golpe en el pecho con el dorso de la mano y se caló el sombrero.

Eran las nueve de la mañana, el avión estaba por partir.

—Me dijo algo el Zurdo —agregó Taverna mientras Botello llevaba las maletas.

—Pinche Zurdo —contestó Luna, y se pasó la mano por el cabello engominado.

—Cuando vayas a pasearte a Culiacán te llevaremos a comer aguachiles de verdad, no como los que venden aquí.

—¿Y cómo son esos?

—Igual de buenos, pero en la playa —dijo Taverna, se ajustó el sombrero y le tendió la mano—. Te *guacho* —agregó.

—Pinche Zurdo —respondió Luna—, pinche Taverna.

Después de ver el avión despegar, fue a comerse una torta de colita de pavo en un puesto sobre la avenida Jilotepec. Mientras comía pensó en el pobre y maloliente Rolando recién salvado, en cómo hubieran sucedido los cosas si solo él y Pastrana hubieran estado involucrados. Taverna y el Zurdo Mendieta lejos, allá en Sinaloa comiendo ceviche o camarones zarandeados. Seguro que Pastrana hubiera roto más de un brazo y una quijada, pero hubieran dado con el muchacho. Estaba seguro de ello. Quizá no lo hubieran resuelto tan rápido, pero eso ya era agua pasada bajo el puente.

"Puede que sí, puede que no", dijo en voz alta, y él mismo se sorprendió. Mordió su torta y miró el reloj. Necesitaba ir a su cubículo y hacer el reporte correspondiente de los hechos ocurridos en los últimos días. Cuando lo entregara se iría a dormir o a tomarse una cerveza al centro.

*S*alí a comer con mi madre. Fuimos al Villa del Mar, un restaurante de mariscos. Tal vez el primer restaurante al que me llevaron ella y mi padre cuando era niño. Yo tendría unos seis años y mi hermana aún no nacía. Ahora mis padres están separados y soy yo quien la pasea.

Apenas si hablamos cuando comemos. Comentamos algo sobre la pareja que está a nuestro lado. Luego ella me cuenta la historia de un león que una coreana donó a un zoológico porque ya no lo podía alimentar; la oigo y sonrío y asiento con la cabeza. Es la tercera vez que me cuenta la historia.

Mi madre me pregunta por el trabajo y le digo que está bien.

Y comenta de pasada la nota de los extraterrestres.

—Hace un año fueron zombis y ahora extraterrestres—dice.

—Pero no hay ni uno ni otro —digo, y yo, al igual que el año pasado, dudo de mi respuesta porque todo el país sigue igual.

Mi madre corta un pedazo de pescado y se lo lleva a la boca. Me parezco más a mi padre. Aunque casi todos mis gestos son de ella. De él me hubiera gustado tener su cabello ondulado, pero entre las pocas cosas que heredé de él son las ojeras. Es como si fuéramos descendientes de vampiros.

Mi tío Ismael, el hermano de mi padre que vive en El Paso, también tiene esas oscuras cuencas bajo los ojos que con el alcoholismo y la enfermedad se agravaron. Mi tío vive en El Paso desde que llegó al norte en mil novecientos sesenta y ocho. Luego se casó con una chicana mayor que él. No importa que hoy ya no beba, siempre lo recordaré con una lata blanca de cerveza en la mano y el interior de su auto eternamente oliendo a alcohol. En el porche, a sus pies, como si fuera una mascota, descansaba siempre una pequeña hielera roja con seis o siete latas frías. Cuando descubría que solo quedaba hielo, tomaba el auto y paraba en algún Stop'n go o un Seven-Eleven para reabastecerse. Si era domingo, muy temprano por la mañana manejaba hasta una tienda llamada The Line, la cual había sido construida justo en medio de la línea divisoria entre

Texas y Nuevo México, donde la venta de alcohol comenzaba a las ocho de la mañana.

The Line tenía un drive thru, en el cual había dos ventanas y dos cajas registradoras. Una sola vez acompañé a mi tío a aquella tienda; tomamos la autopista Interestatal 10 al oeste. Esa mañana el verde era intenso en la cortina de montañas más allá del río Bravo. Había llovido todo julio. Si uno seguía derecho, la cordillera terminaría en Las Cruces. Si uno miraba hacia atrás, Ciudad Juárez se distinguía por su color gris opaco en la distancia. El dependiente de The Line se asomó por la ventana correspondiente a Nuevo México. Mi tío pidió doce latas de Budweiser. El hombre fue por el pedido, marcó la cantidad en la caja registradora de la derecha, nos entregó el paquete y volvimos a casa. A Rossana le he contado la historia un par de veces; tal vez The Line ya no exista.

Mi tío ahora no puede beber alcohol. Su hígado no lo soportaría. El año pasado estuvo internado en el hospital Thomason un mes entero, saliendo y entrando de sueños vacíos; entonces le detectaron cirrosis. Dice que eso fue lo más terrible de soportar, saber que uno mismo se dedica a joder su propia vida. Esa mañana, la mañana en que regresábamos de Nuevo México, mi tío abrió una cerveza y de inmediato percibí el aroma dulce del alcohol invadiendo el auto. Algo me dijo y cuando le devolví la mirada pude ver sus ojeras, como dos cuencas de petróleo en medio de un blanco inhóspito.

~

Mi madre ordena una Coca-Cola de dieta y sigue comiendo su pescado a la veracruzana. Trato de recordar lo que comí en ese restaurante cuando tenía seis años, pero no lo logro; lo que sí recuerdo es que mi platillo lo acompañaba con un refresco sabor sangría, el de la casita.

Desde que mis padres se separaron visito a mi madre al menos tres veces por semana, al mediodía o al atardecer, un poco después de que el cielo deja de ser rojo. Usualmente en la cena me cuenta del club de lectura al que pertenece, del libro que está leyendo. Hace dos años que fue la separación pero ella sigue mal. Desde entonces no veo a mi papá. Mi hermana habla con él y a través de ella recibo sus saludos.

—En Mazatlán un día comí los camarones más grandes de mi vida —me dice ahora mi madre, como siempre lo hace cuando estamos comiendo—, después de los camarones, la mayoría pidió un corte de carne, menos yo; tu abuela se sorprendió.

Luego se queda en silencio nuevamente y le da un trago a su Coca-Cola. Si hubiéramos estado en casa, ya se hubiera levantado a la cocina por algo, cualquier cosa, con tal de tomar un poco de whisky a escondidas.

Se peleaban por todo. Unos quince años atrás lo descubrí corriendo en la pista de la universidad con una mujer más joven que él. Estoy seguro de que me vio. Luego se lastimó las rodillas y dejó de salir por las tardes y se compró una bicicleta estacionaria.

Ahora, ligeramente encorvada, tiene la vista fija en su plato y recuerdo la tarde en que la acompañé al banco, tres días después de la separación. Como había olvidado sus lentes, me pidió que leyera la ficha para retirar dinero y que escribiera el número de cuenta sobre ella. Yo lo hice sin decir nada. Ella firmó, entregó el documento, tomó el dinero y regresamos a casa, pero mientras esperábamos nuestro turno, pensé: "Así comienza el final, en la fila del banco".

—Gabriela me invitó a pasar el fin de semana con ella —me dice de pronto, y sigue comiendo. Es la única que llama Gabriela a mi hermana. Los demás la llamamos Gabi.

—Qué bien —le digo, y pregunto si recuerda a Verónica Mancera.

Lo piensa un poco antes de contestar y entonces sus ojos se iluminan. —Claro que la recuerdo —dice y toca su vaso de Coca-Cola.

—Ayer soñé con ella —le comento, y siento la necesidad de tomarme una cerveza. Voy a llamar al mesero pero me contengo.

—Tenía el cabello lacio y negro, ¿verdad? —me pregunta.

—Más que un sueño fue una pesadilla.

—Llámala.

—Sí —le digo mirando sus manos huesudas; las mías son iguales a las de ella. Seguimos comiendo en silencio.

Hoy por la noche me tomaré una cerveza en su casa y antes de regresar a la mía le trataré de escribir una carta que llevo meses planeando; tantas cosas que debo decirle, pero a última hora solo pondré sobre su escritorio una nota que diga: "Cuídate".

¿Qué más puedo decir de ella? En su vida ha entrado en una sala de cine. "No me gusta", me dice las veces que la he invitado. No puedo persuadirla de que me acompañe. Ahora que come y mira su vaso de Coca-Cola estoy seguro de que piensa en sus viajes.

Soy como Marcello, en La Dolce Vita, el que observa y busca por las noches la gran noticia y lo que encuentra es a su padre, como en esa escena que sucede en la casa de la bailarina. El viejo mira por la ventana y Marcello toma asiento a su lado mientras lo escucha decir que se encuentra bien, que solo bebió demasiado, que el dolor en el brazo se le pasará y se lo sujeta con la mano derecha, derrotado. "Ya se me pasará", dice. Pero cuando habla, no mira al hijo, mira por la ventana la madrugada que se va haciendo menos, que se va gastando sobre la calle vacía y solo podemos adivinar sus gestos. Apenas si había llegado a ver a su hijo, apenas si había invitado la cena y las copas. Y luego esto. Soy como Marcello en la Fuente de Trevi, desvelado, con el agua hasta las rodillas, con un fantasma por mujer a su lado, buscando su propia historia.

La primera vez que fui al cine fue por una de mis tías; ella nos llevó a mi hermana y a mí al cine Victoria a ver la película de Mafalda, ella tenía cinco años y yo diez. Ahora que de vez en cuando paso por la avenida 16 de Septiembre me percato de que del cine Victoria, primero cine familiar y luego de adultos, no queda sino la fachada.

Si mi madre supiera lo que es entrar en el cine, rodearse de esa oscuridad y ese aroma a mantequilla y refresco y alfombra. Pero no. "No me gusta", me dice, y desvía la mirada y la posa en algún recuerdo. Como solo ella puede hacerlo.

Ayer mismo la observaba regando el jardín. Mientras caía el agua miraba hacia otro lado, como yo lo hago cuando riego el jardín de mi casa, pensando o recordando otras cosas.

Kuriaki y Morena llegaron a la dirección. Aquello no le gustaba a Kuriaki. Miró la casa con la puerta principal entreabierta, y dijo "No" en voz alta, y lo repitió varias veces en su cabeza.

—Pinche Luis —agregó Morena. Adrián Morena era uno de los fotógrafos de *El Diario*. Medía casi dos metros de estatura y sus dos palabras favoritas eran *pinche* y *mamar*.

Mientras se apeaban del auto llegaron una patrulla y una camioneta sin identificación oficial. De la última se bajó el agente Óscar Gándara.

—Insisto —dijo el policía— ¿cómo le haces para llegar antes?

—Le hacemos —dijo Kuriaki, sin quitar la mirada de la casa frente a él—. Puedo entrar, ¿verdad?

—Antes que Amarillo, no.

El policía encargado de acordonar y encintar era el agente Faraón, a quien en la estación Babícora lo conocían como el comandante Amarillo. Era famoso más por su pareja que por él mismo. Una mujer policía voluptuosa llamada Ruth Romo.

—Por favor —dijo Kuriaki.

—¿Y eso? ¿Ahora sobre qué escribirán: tigres, lobos o vampiros?

—Creo que conozco a quien vive aquí. Por favor. Es socióloga.

Gándara miró hacia la casa por primera vez. Una fachada como todas a su alrededor; dos pisos, un auto mediano en la entrada y la puerta principal entreabierta. Luego miró al periodista y lo señaló.

—Recibimos una llamada anónima denunciando la puerta abierta desde hace unos días. Si tocas algo y aparecen tus huellas en la investigación, no se verá bien.

—Es la casa de mi amiga. Al menos era su casa hace tres meses.

Gándara le dijo que esperara un segundo y caminó hasta la patrulla donde aún aguardaban los dos policías. Kuriaki trató de reconocerlos sin ninguna suerte. Algo les dijo y regresó.

—Yo sé que eres amigo de Pastrana y esos lo corroboran.

—Eso dicen.

—¿Lo eres?

Luis escupió al suelo.

—¿Me estás diciendo mentiroso?

—Pastrana no tiene nada que ver aquí. ¿Hasta qué punto lo conoces?

—Lo suficiente —dijo el muchacho; se mordió un labio y desvió la mirada a Morena, que parecía examinar algo del lente de la cámara que llevaba consigo.

—Esos de allá dicen que Pastrana es de alguna manera tu ángel de la guarda.

Kuriaki se encogió de hombros; no recordaba ningún acto que Julio Pastrana hubiera hecho a su favor, a menos de que él no supiera algo. No quiso desmentir aquello.

—En cualquier caso no te puedo dejar pasar.

—Pinche madre —murmuró Morena.

—Pero te diré lo que podemos hacer. Esos de allá tienen una fiesta por la noche. Y quieren que los patrocines.

—¿En verdad me lo está pidiendo?

—¿Y eso qué?

—No tengo dinero.

—No quieren dinero, Kuriaki, solo un par de botellas de Etiqueta Negra.

—¿Y usted?

—Por favor.

El periodista levantó las manos y Morena desvió la mirada de la cámara al agente.

—Solo dos botellas —reiteró Gándara, y sonrió.

—Trato hecho.

≈

Cuando Luis Kuriaki puso un pie dentro de la casa supo que algo malo había ocurrido ahí.

La mesa de centro estaba ladeada y en el suelo había, cerca de las escaleras, una sola gota de sangre. Gándara sacó de sus bolsillos una cajetilla con chicles, tomó uno y lo colocó al lado del punto rojo. Tenían que delimitar y Faraón aún no llegaba. En ese momento la calefacción empezó a funcionar.

—Apaguen eso —gritó Gándara a los policías que estaban detrás de él—, y no toquen nada porque se los carga la chingada.

Chingao, pensó cuando vio las pequeñas escaleras que lo llevarían al segundo piso, *esto ya lo soñé*.

—Pinche Kuriaki —dijo Gándara—, todo por un par de botellas.

—Sí —contestó. Pronto llegarían el médico forense, el perito y el fotógrafo, así que debía subir rápidamente a verificar lo que el instinto le decía.

—Es mejor que no subas.

—Ya estoy aquí —dijo Kuriaki, y puso un pie sobre el primer escalón.

Verónica Mancera había estudiado sociología en la Universidad de Ciudad Juárez y se dedicaba a estudios de género. No sabía más del asunto. De vez en cuando se reencontraban por ahí, en algún restaurante o cantina, se saludaban efusivamente, se tomaban un trago juntos y luego de un rato se despedían. La última vez se habían visto en El Recreo, una cantina sobre la 16 de Septiembre, rumbo al centro.

En el segundo piso Gándara le pidió que esperara mientras él recorría el área con su P7 desenfundada y apuntando al suelo.

Kuriaki se dijo que aquella casa no era la casa de su amiga. Luego, en la pared reconoció un cuadro.

Un edificio fantasmagórico en colores vino y café deslavado. Era un edificio alto de más de quince pisos, casi todas las luces prendidas en un amarillo igual de deslavado que el resto. Ese cuadro lo había pintado Édgar Marín. Un amigo en común. "*Chingao*" dijo de nuevo.

—Ven —oyó que decía Gándara—. Esto requiere de tres botellas, no dos.

—Está bien.

—¿Y entonces?

—¿Entonces qué?

—¿Es ella?

Luis Kuriaki no quiso mirar al suelo, pero al final no tuvo alternativa. Ahí estaba el cuerpo. El rostro deformado y oscuro apenas le pareció conocido. Dio un paso hacia él y se le revolvió el estómago. Respiró profundamente y miró hacia la ventana con las cortinas corridas.

Fue suficiente; en ese instante su mirada sin querer detalló lo que tenía enfrente: un pantalón negro desabotonado casi hasta los muslos, la blusa blanca con manchas de sangre cubría un solo seno.

Luis desanduvo sus pasos hasta la calle donde lo esperaba Morena, de brazos cruzados.

—Pinche Luis —dijo Morena.

—Sí, cabrón, es ella.

—No mames, pinche Luis.

—Creo que soy yo quien está matando a mis amigos.

—No mames.

—Hace un año fue Samuel Benítez y ahora Verónica.

—Pinche Luis, tranquilo.

—Soñé con Verónica.

Morena le puso una mano en el hombro.

—No sé cómo decírtelo —contestó Kuriaki. Entonces se agachó y vomitó. Se pasó el dorso de la mano por la boca—. Vámonos.

—No mames.

Luis lo taladró con la mirada.

Morena levantó las manos y se enfiló al auto.

Alonso Vizcarra llegó a la morgue pasadas las once de la noche. Era viernes. Hacía más frío de lo normal y deseaba que la temperatura no llegara a bajar demasiado como para reventar las tuberías. El año anterior la mayor parte de las tuberías de su casa se habían roto. No fue el único, pero sí el más afectado de la cuadra. El agua fue una cascada interminable en las escaleras, y las paredes de la planta baja sudaban por donde los tubos de cobre rotos corrían. Vislumbró todo eso mientras dejaba una torta de colita de pavo sobre el escritorio. El lugar olía a cloro y a caldo de pollo. Miró el espacio, limpio y vacío, excepto por el cuerpo de Verónica Mancera en la plancha frente a él, y suspiró. Los demás cuerpos ya habían sido procesados. No le gustaba cuando recibía los cadáveres así, prefería estar junto a los agentes en la escena del crimen, ser de los primeros.

Miró el cuerpo con el cabello lacio peinado hacia atrás. Parecía que el ojo derecho había sido desgarrado por un león. Tomó el reporte que yacía a un lado de los pies y leyó y volvió a suspirar.

La luz neón del centro de la sala parpadeó una, dos veces, para quedar de nuevo encendida.

"Mujer menuda", dijo para sí. Regresó al escritorio, desenvolvió la torta y le dio una mordida; el pan crujió. Revisó el reporte médico que estaba sobre el escritorio. Tomó la cámara fotográfica y se acercó al cuerpo. Le desabotonó la blusa blanca y tragó el resto del bocado con dificultad. El cuerpo tenía moretones en los senos. Más en el lado derecho. Aquello era una masa de algo que antes había estado vivo y firme. Notó algunas costillas rotas.

"Veintisiete años", dijo. Miró una pequeña cicatriz en el bajo vientre; tomó fotografías y anotó en su cuaderno los detalles. Buscó bajo las uñas y registró lo encontrado. Le desabotonó el pantalón y lo quitó junto con las bragas manchadas de sangre y todo lo metió de inmediato en una bolsa. Más contusiones. Más fotografías. Miró su vello púbico, le separó las piernas. Tomó muestras exteriores e interiores de los fluidos encontrados. Dejó todo a un lado, suspiró y regresó al escritorio a darle un nuevo bocado a su torta. Luego tomó el refresco de naranja, lo destapó y bebió. Iba a ser una noche larga; miró el reloj, para cuando terminara la disección y el peso de los órganos y determinara la causa de la muerte sería demasiado tarde... o temprano, como gustara. Se pasó la mano por el rostro y llamó a casa.

—De nuevo será larga la noche. Sí, ya te enterarás. Una mujer que parece que la atacó un gorila. Ya. Yo también —dijo, se sentó en el escritorio, miró el lugar y colgó.

La luz de neón le daba un aspecto amarillento a los azulejos de las paredes. Ya tenía muchos años haciendo aquello. Especuló en la causa de la muerte y movió la cabeza. "Está muerta ya". Lo mismo vivido una y otra vez, un cuerpo tras otro tras otro tras otro. Este no era la excepción, pero algo no le agradaba. Entonces se levantó, se acercó al cuerpo y observó el tobillo de la pierna derecha. Un tatuaje en forma de mariposa monarca. Contuvo la respiración, miró el rostro de la víctima y se relajó. Su hija, de diecinueve años, tenía un tatuaje igual, pero esta no era su hija, por supuesto que no.

Es demasiado, pensó, y por primera vez en años las piernas le flaquearon. Por supuesto que había visto cosas terribles: cabezas sin ojos, cuerpos sin cabezas, manos sin uñas, dedos sin cuerpos. Todo. Pero esto no le gustaba nada. Estudió el rostro de Verónica Mancera y le tocó la frente. Se levantó y salió de la morgue a su auto. La noche despejada, la Vía Láctea sobre la ciudad. En la guantera encontró una botella de *whisky* Etiqueta Negra. Al tacto le pareció demasiado fría, pero no tanto como el aire helado que le mordía las orejas, como si él mismo fuera un cadáver en el fondo de un río siendo comido por los peces.

"Demasiado cerca", dijo, y le dio un trago largo a la botella. Miró la puerta cerrada de la morgue como si fuera la boca de algún monstruo aún no descubierto y analizado.

Marcó al celular del agente Pastrana.

—Tengo una botella nueva de *whisky* —dijo en cuanto contestó el agente—. ¿Cómo que no puedes? Si vienes y traes unos tacos de tripita te puedes tomar la mitad. No importa. *Oquei*, está bien. Mañana entonces —dijo, y colgó.

No quería entrar. Se dio cuenta de que le castañeteaban los dientes. Sintió el golpe del *whisky* tranquilizar la sangre. Instintivamente pensó en las tuberías rotas del año anterior, en la cascada de agua. Los zapatos empapados. Odiaba los zapatos empapados. Por un segundo caviló en regresar a casa y terminar aquello mañana por la mañana.

—Disculpe —una voz a sus espaldas lo sacó de sus pensamientos. Se volteó. Era una mujer de unos cincuenta y cinco años con una chamarra oscura de pluma de ganso.

—Dígame.

—¿Llegó alguien nuevo?

—¿Perdón?

La señora apuntó con el mentón hacia la puerta de la morgue.

—No, señora.

La mujer miró al suelo.

—Mejor váyase a su casa —le dijo el médico.

La mujer no dejaba de mirar el piso.

—Tengo dos semanas sin ver a mi hija.

El médico no sabía si creerle o no. Había varios periodistas que usaban ese juego para sacar información.

—Levante un reporte —atinó a decir.

—¿Usted cree?

—Si lo levanta, personalmente se lo daré a un agente —dijo, pero al escucharse decir eso se arrepintió. *Caí en la trampa*, especuló, y esperó a que la mujer dijera algo o sacara su grabadora o…

—¿En verdad lo cree?

Ahí viene, pensó de nuevo el médico.

—Tengo miedo de que mis pesadillas se vuelvan realidad —agregó ella, y le dio la espalda—. Lo siento —dijo, y empezó a alejarse para perderse entre la arena y los autos viejos y dispersos y la boca de monstruo que era la noche. Ciudad Juárez al fondo. Luces amarillas y blancas, el cerro Bola y la montaña Franklin con su estrella gigante.

Al médico le castañeteaban los dientes sin control.

"Chingao, es como todos los demás cadáveres", se dijo, y tenía razón, al menos en parte. Estaba seguro de que el cuerpo ahí dentro y cada vez más frío no le pertenecía a aquella señora. No. Para nada. Otras cosas lo aquejaban.

Pronto sabría si la víctima había sido violada; esperaba que no. "Por favor," agregó mientras caminaba de nuevo hacia aquel lugar seco y helado.

El tren en la distancia anunció la hora.

A las once de la noche, el agente Álvaro Luna llegó al número 2036 de la calle Cataratas de Iguazú, en la colonia El Granjero. Luis Kuriaki, que ya se encontraba ahí, levantó la mano en forma de saludo.

—Buenas —dijo Luna.

—Parece que le cortaron el cuello —comentó el periodista y con el mentón señaló el cuerpo frente él, bocarriba sobre un pasto ralo y seco. Los ojos abiertos.

Luna miró a los lados.

—Un soplón —dijo.

—¿Cómo lo sabe?

—No terminaron, le querían sacar la lengua por la tráquea, quizá sigan cerca —dijo Luna, y desenfundó su arma, se acercó al cuerpo y se acuclilló—. Mira esto —agregó— y Kuriaki se acercó. En el centro del surco en el cuello se podía ver una pequeña protuberancia.

—La lengua —dijo el agente, y ambos se levantaron.

—Quizá eran nuevos en esto —opinó Kuriaki, y tomó unas fotografías con su Canon. Mientras tomaba las fotos, el policía lo estudió.

—Algo te estás guardando, Kuriaki.

—¿A qué se refiere?

—Te ves preocupado.

—He tratado de sentirme normal estas últimas horas.

Luna bajó el arma y esperó a que el periodista dijera algo.

—Una amiga… —empezó Kuriaki, pero prefirió apretar los labios.

Luna miró hacia los lados, luego enfundó el arma.

—¿Qué le pasó a tu amiga?

Kuriaki se limitó a mirar el cuerpo tendido frente a él. La piel se estaba tornando color ceniza.

—No importa —dijo el agente y se cruzó de brazos—. No me gustó la manera en que actuaste en el caso del muchacho —agregó—. No sé qué querías probar.

El periodista tomó algunas fotografías más del cuerpo y se retiró de la escena del crimen. A lo lejos se oía una patrulla y prefería irse antes de que los demás llegaran.

—Este es el caso —dijo el teniente Martínez a Pastrana y Luna. Los tenía sentados frente a él en su oficina. Se filtraba el ruido de las máquinas de escribir y los teléfonos no dejaban de sonar—. Tenemos un violador serial y ya sabemos cómo opera.

El agente Luna miró a Pastrana, luego miró el fólder de nuevo.

—Quiero que hablen con Faraón.

Luna sonrió y miró a Pastrana. Una pared.

—¿Es una broma?

—Necesito que hablen con Faraón.

—¿El agente Amarillo?¿El que encinta?

—El mismo —respondió tajante Martínez.

Luna se aclaró la garganta.

—Pero él trabaja en Babícora.

—Necesitamos su ayuda.

—¿Por qué, si es un simple policía?

—Por Ruth Romo.

—¿La agente Romo?

—Sí, ella.

—¿De qué me perdí?

—Los necesitamos.

—¿Por qué a los locales?, no entiendo —preguntó Luna.

—Tú no, pero estoy seguro de que Pastrana sí.

Pastrana solo respiraba. Con los lentes negros nadie sabía si en verdad parpadeaba o no.

—Necesitamos a Faraón y a Romo —reiteró Martínez.

Pastrana se aclaró la garganta.

—Cómo opera este hijo de la chingada.

—¿Me preguntas?

—Sí —respondió Pastrana.

—Le gustan las nalgonas en mallones negros.

Pastrana se tronó los dedos de ambas manos, primero la derecha, luego la izquierda.

—Por eso necesitamos a Romo —agregó el teniente.

—Y tú, Luna, estás solo para apoyar. Necesitamos que esto salga bien. Ya tenemos bastantes problemas con Derechos Humanos para hundirnos más —dijo Martínez, y miró directamente a Pastrana.

—Esto es una burla —dijo Luna.

El teniente Martínez negó con la cabeza.

—No me hagas que lo repita. Si quieres detalles habla con *Terminator* aquí presente, entonces sabrás por qué.

—En cuanto traten de ficharlo lo tendrán que dejar salir —dijo Luna más para sí que para los demás.

Martínez lo miró a los ojos.

Luna comenzó a sudar y levantó las manos, mostrándole las palmas.

—Ya entendí —dijo y se retrepó en la silla.

—Deberíamos incluir a alguien más de nosotros —añadió Luna, pero Martínez hizo como que no había escuchado.

—Ustedes están de apoyo —agregó el teniente.

Al agente Luna se le escapó una pequeña carcajada.

—Aquí tenemos a Vázquez, Hernández y Redes.

Martínez lo taladró con la mirada.

—Entendido, señor.

Pastrana y Luna se levantaron y salieron de la oficina.

—¿Qué crees que se traiga Martínez? —preguntó Luna.

Pastrana no dijo nada.

En cuanto llegaron a sus escritorios, Luna levantó el teléfono y marcó una extensión.

—Te necesito —dijo, y colgó.

Dos minutos más tarde llegó Mariano Leyva, y al verlo frente a él el rostro del agente Luna se endureció.

—¿Sabes quién es Faraón?

Leyva caviló un segundo y luego respondió:

—10-4.

—¿Cómo dijiste?

—Sí.

—¿Pero sí sabes quién es, verdad?

—Es el comandante Amarillo.

—Así es.

—¿Y sabes quién es su pareja?

—Sí, señor.

—Necesito que hablemos con ellos de inmediato.

—Diez…, perfecto, señor.

—Estudia esto —dijo Luna, y le pasó el fólder con el caso del violador serial.

Entonces Pastrana se levantó de su asiento. Luna iba a decir algo, pero mejor se guardó sus palabras.

Martínez estaba revisando su celular cuando Pastrana entró de nuevo.

—Dígame qué pasa en verdad; por qué los de Babícora tienen que estar involucrados.

—Es delicado.

—Luna puede hacer esto sin mi ayuda.

—Sabemos que estos casos son para ti.

—Entonces dígame.

—Primero te diré que ahora la prensa está muy metida, todo indica que ya no es como antes.

—Siempre será como antes.

Martínez dejó el celular sobre el escritorio y suspiró.

—La verdad es que te necesito.

Pastrana se cruzó de brazos.

—El violador serial se metió con uno de nosotros —dijo Martínez.

—Alguien de Babícora.

Martínez asintió con la cabeza.

—Y Luna, por qué está aquí —preguntó Pastrana.

—Porque lo necesitas.

—Y los pendientes —dijo Pastrana sin que se notara que era pregunta.

—Estoy seguro de que podrás arreglártelas.

El agente caminó hasta la puerta, donde se detuvo. —Qué tan cercano fue —preguntó sin mirar para atrás.

—Al teniente Vigueras le tocaron a su hija. Pastrana abrió la puerta y salió.

Álvaro Luna Cian llegó al teatro Abraham Chávez, en el Paso, Texas, media hora antes de lo esperado. Cruzó el Puente Internacional Santa Fe a pie pasadas las cuatro de la tarde, incluso se fue a tomar una cerveza en El Tap para hacer tiempo, pero estaba ansioso por llegar. A pesar del frío que hacía caminó hasta el lugar pensando que Johnny Knoxville aguantaría esas bajas temperaturas y más. Caminó con las manos enterradas en los bolsillos del pantalón. Encontró la calle Santa Fe y se enfiló hacia el teatro. El boleto se lo había regalado Rossana y él lo había aceptado con mucho gusto. Un solo boleto. Era extraño que una periodista como ella dejara pasar una oportunidad así, pero tal vez entendía que Johnny ya no era tan importante en estos tiempos, quizá la prensa lo veía viejo y cansado. Las calles estaban solitarias. Aunque el invierno estaba por terminar había posibilidad de nieve para el siguiente lunes. Siempre había posibilidades de nieve en aquellas épocas; los oriundos más viejos de la zona lo sabían.

El teatro tenía forma de tazón; era la primera vez que él entraba. Se sintió nervioso porque, a pesar de que era temprano, no había nadie afuera haciendo fila. *¿Y si me toca sentarme muy retirado del escenario?*, pensó, pero no tardó en deshacerse de la idea.

Las conferencias que daba Johnny, según había investigado, no tenían un tema central. De hecho, la propaganda solo decía con grandes letras color rojo y amarillo que semejaban el logotipo de Burger King: "Hoy, Johnny Knoxville". Nada más.

La sala era amplia y estaba llena. El murmullo de la gente le recordaba los cuchicheos que el Negociador Taverna y su ayudante Botello usaban para comunicarse mientras resolvían el secuestro del joven Rolando. Sin pensarlo mucho se encaminó hasta la parte delantera del teatro, y en la quinta fila encontró un lugar vacío y no pudo evitar sonreír.

El escenario incluía un estrado bastante sobrio y al fondo un piano de cola. Luna rumió que estaba ahí como parte de la escenografía.

Cinco minutos antes de que entrara Johnny la luz disminuyó y el murmullo de la gente cesó.

La luz sobre el estrado se encendió y Johnny Knoxville fue recibido por una ola de aplausos.

—Buenas noches— dijo, y esperó a que la gente se calmara—. He ido y venido por el mundo dando estas conferencias por muchas razones. Al principio fue para promocionar alguna película o el *show* que hacemos en Las Vegas. Pero nada de eso importa ahora, porque lo que me llena es estar frente a ustedes y hablarles desde aquí y aquí —afirmó, y señaló con una mano su cabeza y pecho—, y quiero decirles que los amo. Por ustedes me he vuelto rico y de alguna manera quiero devolverles algo de lo que me han dado en forma de conocimiento. —Luna Cian escuchó a varios entre el público asentir y otros más rieron.

"Esta vez voy a tratar dos temas —agregó, y levantó la mano derecha y con los dedos índice y medio formó el signo de la paz—. Hablaré sobre engranes y arena, nada más". Su voz le pareció a Luna más ronca, como si hubiera estado gritando antes de entrar al escenario. El ojo derecho se notaba hinchado y el párpado oscuro, quizá por algún *performance* realizado recientemente.

Entonces Johnny dijo que el mundo existe gracias a la invención de los engranes, que si no hubiera sido por tal invento el mundo no se movería, no estaría respirando.

—La memoria, por ejemplo, está formada por un juego de engranes; el fuego que brota de un encendedor lo hace gracias a una piedra que podríamos llamar corona. Al igual que el tiempo y las motocicletas. Ahora mismo les digo que desconfíen de aquello que no se mueva por engranes —dijo, y señaló a la concurrencia como advirtiendo de un gran peligro; los dedos se le veían hinchados y deformes—. Pero la memoria es lo que mantiene unido este mundo. El engranaje en movimiento. Cuando uno dice "buenos días" o "buenas noches", cuando uno da la mano para saludar, o cuando uno prepara algún platillo en la comodidad de la cocina, es el mecanismo de coronas y piñones funcionando a su mayor potencia. Y así como cada quien tenemos una voz específica, ronca o suave o fuerte, uno tiene una memoria única. No es lo mismo la memoria de un cantante que la de un poeta o la de un actor o la de un administrador o abogado. Cada cual nació con la memoria que requiere para hacer su trabajo.

"El poeta al escribir siempre evoca, al igual que el actor cuando da la mano y da los buenos días —dijo Johnny Knoxville, y se aclaró la garganta y miró un segundo al suelo y Álvaro Luna frunció el ceño y miró a su alrededor. No entendía muy bien en dónde había caído.

"Un mes después de salir de la cárcel del condado de Santa Cruz por posesión de mariguana —siguió Johnny—, me llamó Stephen Gilchrist, mejor conocido como Steve-O. Yo vivía cerca de la carretera y desde la ventana veía pasar los autos al lado de la costera y me dijo: 'Mira, Johnny, me hice de una motocicleta que necesito que veas', y colgamos. Treinta minutos después, mi viejo amigo, el mismo que me había acompañado a cada uno de los mítines por el abuso de la fuerza policiaca que había sufrido Rodney King en mil novecientos noventa, y la muerte de Latasha Harlins por la policía días después… —Johnny se detuvo a medio escenario e hizo un paréntesis. A Luna le pareció que renqueaba—. A principios de los noventa —continuó—, más de mil murieron a causa de las pandillas y la policía, y nosotros, Steve-O y yo, no queríamos que aquello se olvidara porque en alguna ocasión también fuimos víctimas del abuso policiaco —dijo, y habló un poco más sobre la violencia y lo relacionó con su dedo roto y una tetilla amoratada por resistir un arresto y declaró que él mismo había sido consumidor de droga, otra forma de violencia que no era igual que clavarse el escroto con una madera o dejarse golpear por un boxeador profesional, en medio de risas y cerveza para el programa de cada semana, y agregó que ya se estaba saliendo del tema y se aclaró la garganta.

"Steve-O llegó a casa en aquella belleza, una Iron-head negra de mil novecientos sesenta y cuatro. Recuerdo que tenía el ojo negro por un número que involucraba cerveza y mujeres enanas, y me dijo: 'Sube'. y me subí y llegamos hasta la frontera en menos de dos horas. El aire se tornó helado mientras el sol caía, pero el clima nos importaba muy poco. Esa vez no cruzamos a México, solo nos quedamos en la orilla de la costera viendo las luces opacas y rojas sobre los cerros de Tijuana. Luego volvimos a montar aquella belleza y regresamos a Santa Cruz donde sucedió algo: la motocicleta, al pie de la casa, dejó de funcionar. Primero hizo un ruido desgarrador, como el de hierro contra hierro. La motocicleta estuvo en mi garaje dos días hasta que después de regresar de una audición para una película encontré a Steve-O con las manos y su camiseta blanca de tirantes llenas de grasa.

"El tiempo es memoria y la memoria está representada en los engranes de sus relojes —dijo—. Guardó silencio y miró hacia el piano al fondo del escenario antes de continuar. Álvaro Luna lo miraba ir y venir renqueando por el escenario, y no podía quitar los ojos de aquel moretón tremendo en la cara.

"En el dos mil uno, junto con Steve-O viajé a México. Él necesitaba ayuda y la *medicina* solo podía obtenerla a buen precio allá abajo, si saben a lo que me refiero —y guiñó un ojo y la gente se rio, incluso Luna Cian—. Era octubre, las marchas contra el Departamento de Policía de Los Ángeles se intensificaron y nosotros, que siempre fuimos adelante portando estandartes con la cara de Rodney King, ya necesitábamos un descanso. Así fue que llegamos hasta allá. La arena de la playa estaba fría.

"De inmediato entendimos, Steve-O y yo, bajo el sol de la tarde y sobre la arena compacta y punzante, que aquella playa había sido golpeada con insistencia por el tiempo. ¿Y cómo llegamos a esto? ¿Era la falta de droga? —agregó en tono burlón.

"En ese instante la playa nos reveló el origen. El principio de las cosas. El polvo cósmico que comprende la Vía Láctea, las células y los huesos de los dinosaurios encontrados en Argentina y California. Según los que saben, si pudiéramos moler la Tierra completa y volverla tan fina como la arena, el total de granos que se obtendrían no serían suficientes para contar las estrellas del universo.

"Steve-O aceptó por primera vez que tenía un problema con aquella mierda, pero bueno, ya se sabe que admitir es el primer paso, aunque no suficiente, pero para mí esa noche sí lo fue y comprendí y de paso me comprendí yo. Así fue que decidimos realizar nuestra segunda película, como testimonio de lo que nos estaba pasando".

Aquí tomó aire y la gente comenzó a aplaudir, y luego de un rato agregó: "Ya para terminar les daré una sorpresa", y se retiró de la tribuna y por la derecha entró Steve-O al escenario. La gente comenzó a aplaudir y Steve-O levantó las manos en forma de saludo.

Entonces Johnny Knoxville se acercó al piano y se vendó los ojos. Cuando la gente se calmó, suspiró y dijo: "Mi nombre es Johnny Knoxville y esto se llama *La canción con muchos huevos*". Steve-O disparó una pistola eléctrica a sus testículos, de tal manera que Johnny comenzó a convulsionarse sobre las teclas del piano haciendo ruidos estridentes. Varias personas del público comenzaron a reírse, y cuando vieron que la descarga no paraba y la supuesta canción seguía, Steve-O sonrió y el público se puso de pie vitoreando la hazaña, incluyendo a Álvaro Luna Cian.

Luna miró a su alrededor; la mayor parte del público rondaba los treinta o cuarenta años, no más. Knoxville, según la biografía que había leído de él, ya se acercaba a los cincuenta.

Cuando el telón bajó todos comenzaron a avanzar en fila india con tranquilidad y murmurando entre ellos. Parecía como si hubieran escuchado misa.

Luna salió del lugar cargado de energía. Por sus videos había aprendido mucho de Knoxville, y ahora no era la excepción. ¿Qué pasaría si él disparaba electricidad a los testículos de alguien?

Ya de regreso en Ciudad Juárez fue a cenar unas flautas al restaurante La Pila, muy cerca del Parque Borunda.

Mientras le ponía vinagre a la lechuga pensó en Rossana y marcó su celular. A esa hora aún estaría en el periódico, pero la voz electrónica de siempre le dijo que el número que estaba marcando se encontraba fuera del área y le pedía que intentara llamar más tarde.

—Pinche línea —dijo. Terminó de cenar, pagó la cuenta y se fue al Recreo a tomarse una cerveza.

Durante el camino sonó su teléfono, era Taverna.

—Dime.

—La *capiza* Samantha Valdez se escapó del hospital.

—¿Y por qué me lo cuentas?

—No sé, quizá porque con esto al final las aguas se mantendrán tranquilas por Juárez.

—Acá nada está tranquilo.

—Dicen que la ayudó el Zurdo Mendieta.

—Pinche Zurdo.

—Pero eso no dura, ya verás que pronto se aclara el asunto y el Zurdo queda absuelto.

—¿Y la ayudó?

—¿Tú qué crees?

—Que no importa.

—Nos estamos *guachando*.

—Ey.

La llamada se cortó, y así, sin más, mientras contemplaba la barra de la cantina, pensó en Sonia

Torres. En sus grandes senos y en la tristeza que la aquejaba.

—Pinche Zurdo —dijo, pensando en el ruido estridente que hacía el piano cuando le inyectaban electricidad a los testículos de Knoxville. Se estremeció.

~

Esa noche, Andrea Valles, una mujer de veintiséis años de la colonia Francisco Sarabia, salvó a sus dos hijos de un incendio en el que ella perdió la vida. El incendio comenzó en el bote de basura de la cocina, de ahí se extendió a las cortinas y subió al techo. Andrea reaccionó rápidamente, sin embargo, al ver que sus hijos estaban a salvo regresó a la vivienda para tratar de recuperar algunas cosas de valor. En ese momento una viga cayó bloqueando la salida.

A Pastrana no le gustaba estar sentado en el asiento del copiloto del auto de nadie, menos en el de Álvaro Luna Cian; de alguna manera se sentía vigilado por el teniente Martínez.

A las cinco de la tarde los caminantes y corredores habituales comenzaron a aparecer en el Parque El Chamizal. Era sabido que también los prostitutos recorrían el extenso, casi calvo parque; el mismo Luna Cian había detenido a un par en otros tiempos.

—Mira —dijo Luna en el momento en que la policía Ruth Romo apareció trotando frente a ellos con mallones ajustados—. Está rebién —agregó.

Pastrana la miró pasar. Además de ellos había algunos policías escondidos en los alrededores. Observó el radio que llevaba en la mano izquierda. No se filtraba nada, ni siquiera estática.

—No entiendo —dijo Luna.

—Pensé que sí.

Luna no quitó la mirada de enfrente y se encogió de hombros. —Es que se me hace bastante complicado como lo quiere Martínez.

—Cuando lo atrapemos te darás cuenta.

—Está bien —dijo Luna.

La agente Romo pasó de nuevo al lado del auto.

—Por cierto —agregó Luna, y le tendió un papel donde estaba escrita una dirección.

Pastrana lo observó a través de sus lentes, lo memorizó, lo arrugó y lo lanzó por la ventana.

—Martínez comienza a sospechar que te ayudo.

Pastrana no contestó.

—No entiendo nada —dijo Luna.

—No es necesario.

—Creo que tienes que ver a un doctor, esa mano se ve inflamada.

—Solo es una mano.

—Me preocupa la situación.

—Yo sé por qué estás aquí —añadió Pastrana.

—Martínez está preocupado.

—No pasará nada.

—Como no pasará nada en la dirección que te acabo de dar.

—Pudiste haberte negado.

—¿Y qué ganaría con eso?

—Hace más de diez años que busco a mi prima.

—Creo que tu prima no tiene nada que ver con lo que has estado haciendo aquí en Juárez.

Pastrana gruñó o se aclaró la garganta y miró por la ventana el paisaje seco y desolador.

—Pero no lograrás nada yendo de casa en casa buscando a esos hijos de la chingada.

Pastrana no respondió.

—Alguien te hará frente.

—Sí.

—Digamos por un momento que es verdad lo que dices. Entonces ya no podrás hacerlo más, eso de golpear a los sospechosos.

—No son sospechosos.

—Sabes a lo que me refiero.

—¿Me seguirás ayudando?

Luna chasqueó la lengua.

—Soy quien lleva el recuento de lo que sucede —respondió, y guardó silencio un rato mientras contemplaba los troncos ralos de los árboles—. He visto demasiadas cosas ya: drogadictos con los brazos podridos y ahogados con la cara hinchada. Hace menos de tres semanas casi muere un joven apuñalado por su padrastro; es demasiado.

Ambos se callaron, hasta que Romo pasó al lado de ellos una vez más. Ya oscurecía.

—Nos retiramos —dijo Pastrana por el radio, y del otro lado lo confirmaron.

Volverían mañana, y pasado mañana, y un día después, hasta que el violador cayera.

A la siguiente vuelta Ruth Romo hizo una discreta señal indicando que era suficiente. Luna encendió el auto y se marcharon.

Esa noche nadie murió ni por hipotermia ni por envenenamiento por monóxido de carbono.

Esa noche, antes de llegar a casa, Pastrana se desvió hacia la colonia El Futuro, a la casa de Alejandra Salazar. Como era tarde las luces estaban apagadas. Miró a su alrededor: el parque dormido y el aire quieto; luego se retiró. Ya en su casa se vio la mano derecha. Hinchada y roja. La movió desde la muñeca. La abrió y cerró varias veces. Una tenaza de hierro. Le dolía. Aun así fue a la recámara que había acondicionado como cuarto de ejercicio. Trabajó veinte minutos los brazos y se fue a dormir.

~

A las dos de la mañana, estacionado afuera de la casa de Sonia Torres, Luna marcó su teléfono.

—Diga.

—Soy el agente Luna. Quería saber cómo se encuentra su hijo.

—Cada día mejor —respondió ella.

—¿Tiene pesadillas?

—¿Él o yo?

—Usted dígame.

—Creo que desaparecerán con el tiempo.

Luna suspiró.

—¿Le sucede algo, agente?

—Solo verificando que su hijo se encuentre bien.

—Se lo agradezco.

—Es parte del trabajo.

—Un policía bueno.

Álvaro Luna chasqueó la lengua.

Se quedaron callados un momento hasta que Sonia Torres tosió.

—En verdad siento mucho por lo que están pasando, y si pudiera hacer algo lo haría.

—Lo está haciendo y es un buen detalle, aunque es un poco tarde.

—Lo siento.

—No se preocupe.

—¿Podría llamarla de nuevo? Sería solo para verificar la salud de Rolando.

—Llame cuando guste. Siempre le estaré agradecida.

~

Luis Kuriaki se despertó a las cinco de la mañana empapado en sudor y buscando un cigarro en los cajones del buró. Un poco más tranquilo, y sin haber encontrado nada, marcó el teléfono de Rossana.

—¿Estabas dormida?

—No.

—Tuve una pesadilla.

—Dime.

—Mi amiga está muerta.

—No me digas.

—Hace dos días la vi con mis propios ojos muerta en su casa. El rostro deformado.

—Lo siento mucho, Luis.

—Me tienes que ayudar.

—Dime qué necesitas.

—No sé qué hacer.

—Quizá esperar.

—El caso lo trae Gándara.

—Chingao.

—Así es.

—Tal vez se resuelva pronto.

—Ayúdame.

—¿No tienes miedo de involucrarte tanto de nuevo? Recuerda lo que te sucedió hace un año.

—Con tu ayuda quizá sea distinto esta vez.

—Si te sucediera algo no me lo perdonaría.

—Sueño que Verónica me habla y no es la primera vez que siento que los muertos me hablan.

—Dime, ¿ya aceptaste el cheque?

—¿Y eso qué tiene que ver?

—Tal vez ayude si lo tomas.

—Por favor.

—Pídele a Pastrana que te ayude.

—Creo que le tengo más miedo a él.

—¿Por qué?

—Siento que de alguna manera soy como él.

—No entiendo.

—Un día te contaré.

—Dime.

—Ya no sé si Pastrana soy yo. De alguna manera fui como él.

Rossana hizo una pausa y se aclaró la garganta.

—¿Entonces me vas a ayudar? —preguntó Luis.

—Deja ver qué puedo hacer.

Luis Kuriaki colgó y miró el buró donde guardaba la cocaína. Se pasó las manos por el rostro y suspiró. Su habitación le parecía demasiado grande. Entonces se levantó y dijo el nombre de su amiga muerta.

"¿Verónica?", dijo, y esperó. "¿Estás aquí?", preguntó, pero no hubo respuesta. Se sintió ridículo. A diferencia de su amigo muerto hacía un año, Samuel Benítez, que sí respondía, Verónica Mancera parecía comunicarse con él en sueños.

Miró el buró. Suspiró, se levantó y se encerró en el baño hasta que el ansia pasara.

El teléfono del agente Gándara sonó.

—Diga.

—Soy Luis Kuriaki.

—¿Quién te dio mi número?

—Solo quiero saber qué ha pasado con el caso de Verónica Mancera.

—Nadie de ustedes habla con nosotros para eso.

—Siempre hay una primera vez.

—Estamos trabajando en ello —espetó Gándara.

—¿Puedo publicar eso? —preguntó Kuriaki.

—¿Qué quieres publicar?

—¿Sabe que en lo que va del año han ocurrido ya veinte feminicidios?

—Sí —respondió el agente y colgó.

El teléfono de Gándara volvió a sonar.

—Bueno.

—Hazte cargo del caso de Verónica Mancera —dijo una voz ronca al otro lado de la línea.

—Pero si apenas lo reporté.

—Por eso.

—Sí —dijo Gándara, y tragó saliva—. No entiendo muy bien —añadió.

—Sí que entiendes.

—¡Ah! —respondió Gándara y la línea se quedó muda. Miró el reloj. Bostezó y se levantó.

A las siete de la noche llegó al Semefo, donde lo esperaba Alonso Vizcarra.

—¿Qué me tienes?

—El reporte de Verónica Mancera —respondió Vizcarra, y le dio un trago al refresco que llevaba en la mano.

—¿Qué piensas?

—Que a alguien se le pasó la mano en la golpiza.

—Ajá.

—Sí —respondió Vizcarra y le tendió un fólder amarillo.

El agente Gándara lo tomó, lo abrió por la mitad un segundo y lo cerró.

—¿Qué masticas, Gándara?

—No pasa nada, mi *doc*, no pasa nada —respondió, y sin mirarlo se despidió levantando la mano y se enfiló hacia la salida.

Afuera el aire olía a leña quemada. Gándara aspiró. El destello de las luces de un avión cruzando el cielo hizo que se detuviera a mitad del estacionamiento de tierra y grava. El avión cruzó el cielo estadounidense hasta desaparecer de su vista. Miró a los lados. Seguro que lo vigilaban. Apresuró el paso hasta el auto.

∼

Luis Kuriaki y Raymundo se vieron en El Recreo.

—Tengo algo que decirte —declaró Luis.

—Pues dime.

—A Verónica Mancera la encontramos hace unos días en su casa.

—¿Y?

—La encontramos muerta.

—¿Qué?

Como respuesta Luis Kuriaki apuró un trago de cerveza.

—¿Qué pasó? ¿Cómo sucedió? ¿Qué sabes? —lo interrogó Raymundo.

—Aquí la vimos la última vez, ¿verdad?

—Juntos, sí. Luego me la topé en el Tabasco's con unas amigas de la facultad.

Luis soltó la botella y un segundo después la volvió a sujetar como comprobando algo.

—Creo que me habla en sueños.

—¿Cómo?

—Te voy a contar algo.

—Luis, esto es muy difícil de digerir.

—Lo sé.

El Recreo era una de las cantinas más antiguas de la ciudad. Como era miércoles estaba vacía, lo que la hacía el mejor lugar para tomarse una cerveza en paz, lejos del bullicio y el frío de la calle. La televisión estaba encendida. Transmitían un programa sobre boxeadores mexicanos. Aunque no había sonido, no hacía falta para entender de qué iba; las peleas que mostraban eran bastante fuertes. Luis llegó a la conclusión de que tal vez eran las peleas más sangrientas de la última década. Ojos cerrados, narices inflamadas, párpados negros.

—Aquí estuvimos con Verónica no hace tanto —dijo Raymundo, y se tomó de golpe la cerveza que le quedaba y pidió otra.

—Sueño con ella —dijo Luis—. La primera vez sucedió un día antes de encontrarla muerta. Me habla por las noches.

Raymundo palmeó uno de los hombros del periodista.

—Quizá —respondió Luis corrigiéndose, pero no sonó convincente.

—Es el cansancio —dijo Raymundo.

—Es más que eso.

—¿Como qué?

—Como nosotros, que de alguna manera permitimos ese tipo de cosas.

—De alguna manera unos mueren para que otros vivan.

—En este caso no. Yo la oigo por las noches y quiere que la salve, pero ya no hay de qué salvarla.

—No tengo otra explicación.

—Si tan solo supieras en qué estado la encontramos.

—No es necesario entrar en detalles, a menos que lo desees, pero no quisiera que fuera como la vez que me contaste de los tipos con cabezas de cochino. Tardé más de un mes en dormir sin pesadillas. Me despertaba a medianoche.

—Entiendo —dijo Luis, apurando el resto de la cerveza.

—¿Y ya se sabe quién es el culpable?

—La investigación la lleva un incompetente.

—Chingao.

—Tengo miedo —dijo Luis, y apretó la botella.

—Hace un año la viste cerca.

Luis se llevó una mano a la nuca. Ahí estaba la cicatriz en forma de C por el golpe que había recibido con la culata de un arma. Todavía le molestaba cuando se acostaba bocarriba. Había estado varios días internado en el Centro Médico de Especialidades.

—¿Entonces? —preguntó Raymundo.

—No sé. Lo estoy pensando —respondió Luis y miró el fondo de su botella.

～

Esa noche murió un joven de diecinueve años atropellado sobre la avenida Tecnológico, a la altura de la hamburguesería Wendy's. El muchacho acababa de salir de su trabajo y un auto color vino lo embistió mientras cruzaba la calle. Dos autos que iban cerca disminuyeron la velocidad, pero solo uno fue el que reportó el accidente.

A las tres de la mañana, en el viaducto Díaz Ordaz una mujer abrió la puerta del taxi en movimiento en el que viajaba rumbo a su hogar por no traer dinero para pagar el costo del recorrido, según se supo. La mujer rodó por el pavimento. Sufrió varios golpes en las manos y un esguince en la pierna derecha. El taxista detuvo el vehículo y llamó a los paramédicos, quienes la atendieron, y la policía la llevó presa.

Y la ciudad quedó tranquila. Las pocas horas que faltaban para que amaneciera fueron un sueño pesado que, sin que nadie reparara en ello, a todos sirvió.

El funeral tuvo lugar en Jardines Eternos, al oriente de la ciudad. Luis Kuriaki observó la ceremonia desde lejos. A la distancia reconoció a la madre de Verónica Mancera y a sus dos hermanos menores, ¿cuánto tiempo tenía sin verlos? El padre nunca levantó la cabeza del suelo. Se preguntó quién de los dos había identificado el cuerpo en la morgue, si lo había hecho al primer vistazo, cuánto había llorado. Entre los asistentes reconoció a varios amigos, unos con el rostro descompuesto y otros más con el semblante de no saber qué había sucedido realmente.

En ese momento se le antojó darse un pase de cocaína. Buscó en uno de los bolsillos interiores de su chamarra, alcanzó la redoma de metal y bebió el poco *whisky* que le quedaba. Estaba ebrio y todo a su alrededor le parecía tan distante, incluso lo que sentía en ese momento, como si estuviera viendo el interior de alguien más a través de una ventana de doble vidrio. ¿Qué hubiera hecho Rebeca Alcalá en tal caso? ¿Por qué el agente Gándara se tardaba tanto en dar alguna respuesta con respecto a la muerte de su amiga?

"Ve", le había dicho Verónica Mancera en uno de sus sueños, y ahora contemplaba aquel ritual macabro que tenía como fondo una barda gris de concreto. Así nada más: concreto, como si la ciudad fuera el cuerpo despellejado que sirve para estudiar anatomía. Concreto desnudo y calles horadadas por la nieve del recién marchito diciembre y el andar de los autos pesados. Él, transpirando sobre una pequeña colina a mitad del invierno y su amiga rígida en una caja brillosa que pronto sería engullida por la violencia del tiempo. Había muchos amigos. Reconoció entre ellos a Griselda y Maribel, excompañeras de la preparatoria. Al fondo, Israel y Francisco, también amigos de juventud, con las manos en los bolsillos del pantalón por el frío. El cielo en algún momento se oscureció.

Eran las seis de la tarde cuando llegó a casa. Subió a su cuarto y hurgó en uno de los cajones del buró; en el fondo encontró la bolsita de cocaína. Cuando la sacó la miró con detenimiento. No era tanta, apenas si había lo suficiente para…

"¿Para?", se dijo en voz alta. Desvió la mirada. La dureza de los cosas. El librero blanco repleto de novelas y libros de crónicas. El tarro de cerveza de Bamberg que Rebeca le trajo hacía más de tres años cuando se conocieron. A su lado el libro de zombis que Rossana le regaló hacía poco abierto a la mitad.

¿Rossana Rodríguez sabría algo más sobre el caso de Verónica Mancera y no le quería contar? Un escalofrío le recorrió el cuerpo. Ella le había dicho que no, pero, y si sí… estaba seguro de que él ya se hubiera enterado. Respiró profundamente y volvió a colocar la bolsita en el fondo del cajón.

Miró el teléfono y deseó llamarla de nuevo, pero al final bajó a la cocina a prepararse un café. Encendió la computadora y buscó algo con qué entretenerse.

"Deja que la policía lo arregle", se dijo. Siguió navegando un rato más y de pronto le vino la imagen de él de rodillas siendo golpeado en la nuca con un arma. Aquella había sido una noche muy fría y oscura. Desde entonces las noches le parecían más luminosas. Las manos le temblaban.

Cerró los ojos.

A la mañana siguiente Luis Kuriaki visitó la Facultad de Humanidades de la Universidad de Ciudad Juárez.

Estacionó su auto en el área de visitas y atravesó el lugar hasta alcanzar el edificio de Sociología.

Subió al segundo piso y preguntó por Verónica Mancera.

—Falleció —le respondió la recepcionista, una mujer muy delgada que tenía los ojos rojos, como si hubiera estado llorando desde hacía mucho.

—Sé que murió.

La mujer entrecerró los ojos. —¿Es usted policía?

—Soy periodista y Verónica era mi amiga.

—Siento no poder hacer mucho por usted.

—¿Me puede guiar a su cubículo?

—Es el 8, el de la esquina, pero está cerrado con llave. En lo que va del año nos han robado dos computadoras. El año pasado fueron dos impresoras, ahora las computadoras, no sabemos cómo le hacen. Pensamos que son exestudiantes.

—Entiendo. ¿Sabe con quién puedo hablar de ella? ¿Con quién trabajaba? Unos meses atrás me dijo que estaba trabajando en algo importante.

—¿Usted piensa que por eso la mataron? —murmuró la mujer—. Este es un mundo muy duro, primero computadoras robadas, luego más muertos.

—Sí que es raro —respondió Luis Kuriaki y volvió a preguntar por alguna colega que le pudiera dar información sobre Verónica.

—Puede esperar a Rosalba Gutiérrez, es… era su amiga y trabajaban juntas. A ella fue a quien le robaron una de las impresoras.

Luis esperó una hora en el pasillo hasta que apareció Rosalba Gutiérrez. Se presentó y le tendió la mano. Ella lo miró con desconfianza.

—Nos conocíamos desde la preparatoria, le gustaba tomar café sin azúcar y el futbol americano.

Rosalba sonrió y bajó la mirada. Luis le pidió que lo acompañara a tomarse algo cerca de ahí y ella dijo que podían ir a la cafetería por un refresco.

Era el primer día que no hacía frío en un par de semanas. Excepto una muchacha que llevaba bufanda, a su alrededor los estudiantes vestían ligeramente. Uno de los ventanales de la cafetería daba hacia el norte, desde donde se podía ver la larga fila de autos para cruzar a Estados Unidos.

—Éramos colegas —le dijo Rosalba nada más tomar asiento—. Vamos a organizar una marcha en su nombre.

—¿Trabajaban juntas?

—Organizábamos un coloquio sobre género.

—¿Tenía novio? ¿Notaste algo raro en ella los últimos días?

—Pensé que eran amigos.

—Casi no nos veíamos. La última vez fue en una cantina. Platicamos y me contó sobre un trabajo difícil.

—Organizar un coloquio no me parece difícil. Y pues no tenía novio.

—¿Algo que hayas visto raro en los últimos días?

—Nada raro... bueno, excepto que había discutido fuertemente con un amigo.

—¿Un amigo?

—Sí, ya sabes, un *amigo*.

—Salía con alguien, pero no era su novio.

—Exacto.

—¿Sabes sobre qué discutieron?

—No, solo me dijo que habían discutido y que era una tonta. Yo le pedí que no dijera eso y mejor quiso cambiar de tema y ya.

—¿Y de casualidad sabrás el nombre del chavo?

—Óscar López —dijo con brusquedad, y le explicó dónde encontrarlo.

—¿Sabes si Verónica usaba drogas?

—Fumábamos mota de vez en cuando.

—Pero, ¿nada más?

—Así es.

—¿Quién la compraba?

—Ella.

—¿Sabes cómo la conseguía?

—No.

—¿No?

—No.

～

Alrededor de las dos de la tarde Rossana recibió una llamada del mago Bazán.

—Esta ciudad está cada vez peor —le dijo.

Rossana se encontraba en el Smart frente a la escuela Teresiano, haciendo el mandado.

—¿A qué te refieres? —preguntó mientras colocaba un litro de leche descremada en el carrito.

—Estoy leyendo la sección policiaca de *El Diario*.

—¿Y?

—Rossana, la nota que leo lleva tu nombre.

—Querido mago, escribo demasiadas notas.

—Me refiero a la nota del payaso asesino en la colonia Francisco I. Madero.

—Increíble, ¿verdad?

—Pero es exactamente igual a lo que pasó en esa vieja película.

—Yo diría que es más parecida al libro.

—No entiendo.

—La nota es más fiel al libro del payaso.

—Ya.

—¿Te gustó?

—No..., bueno, la nota sí, pero no sé de qué sirve.

—El jefe quiere más *gore* en la frontera.

—¿Con lo que hay no es suficiente?

—Aparentemente no.

—El año anterior había zombis, ahora extraterrestres y payasos asesinos.

—Te sorprenderías.

—¿Te puedo ver por la noche?

—No sé todavía —dijo Rossana mientras alcanzaba el yogurt griego y se enfilaba a la sección de fruta congelada.

—Me gustaría verte.

—A mí también, pero hoy es complicado. Es el peor día de la semana.

Algo más platicaron y dos minutos después colgaron.

Rossana se dirigió a la sección de los congeladores, y cuando colocaba la bolsa de frutos del bosque en el carrito, la respiración se le aceleró. Se llevó la mano al pecho.

No, pensó, y miró a su alrededor. Cerró los ojos. El color rojo estalló dentro de ella. El pulpo estaba de nuevo cerca y la necesitaba. Rossana avanzó hacia las cajas tratando de ignorar lo que sentía, pero se detuvo a medio camino. El ansia le llegó a la boca del estómago, de ahí se ramificó hacia el bajo vientre y la punta de los dedos de pies y manos. Un escalofrío, una descarga eléctrica. Se resistió. Avanzó de nuevo y al segundo paso se detuvo.

"En casa será mejor", se dijo, "espérate a llegar a casa". Dio un paso más, y tratando de sobreponerse a esa condición comparó a Bazán con Kuriaki. En sus aromas tan particulares y en sus manos como tentáculos enormes sobre el cuerpo.

"No pasa nada", se dijo más tranquila. Hizo a un lado el carrito y con calma buscó los baños de la tienda. Cuando los localizó se enfilo hacia ellos respirando pausadamente.

～

El teléfono de Luis Kuriaki sonó. Era el jefe de información de *El Diario*.

—Diga —contestó Luis.

—Necesito saber si vas a regresar el cheque.

Luis colgó.

Óscar López vivía sobre la calle Atotonilco, muy cerca de la Secundaria Técnica 33. La mayoría de sus amigos habían estudiado en esa escuela; Luis, en cambio, había estudiado en la Federal 6, en Infonavit Casas Grandes. Observó la escuela con detenimiento: salones en blanco y café con una cancha de basquetbol en el patio central. Los estudiantes que estaban afuera de clases le parecieron demasiado jóvenes.

La casa era igual a las demás, excepto por un barandal negro y un sol de cerámica sonriente al lado de la puerta. Cuando abrió tenía los ojos rojos, como si hubiera estado llorando.

Óscar López había estado presente en el funeral de Verónica Mancera. Luis lo reconoció.

Según sus palabras, él y Verónica habían discutido una vez, afuera de un bar sobre la avenida Juárez.

—Estábamos borrachos —le dijo a Luis—, pero a las tres de la mañana ¿quién no está borracho? —agregó. Parecía desconcertado por los acontecimientos—. Se lo advertí.

—¿Qué?

—Que dejara en paz las entrevistas.

—¿Qué entrevistas?

—Entrevistaba a mujeres.

—¿Y?

—Le dije que parara.

—¿Por qué? ¿De qué trataban las entrevistas?

—Solo sé que tenían que ver con violencia doméstica —dijo, y tomó aire. Luis desvió la mirada. No le gustaba ver llorar a nadie.

—Verónica entrevistaba a mujeres golpeadas por sus maridos.

—¿Tú crees que eso la mató?

—No sé.

Luis Kuriaki miró a su alrededor. Eran las dos de la tarde y ya los estudiantes de la Técnica 33 abandonaban la escuela.

—También fumaba mota.

—¿Y crees que por fumar mota la mataron?

—Yo no fumo ni cigarros.

Luis Kuriaki miró a López con odio, pero antes de que se notara se pasó la mano por el rostro. Hizo un par de preguntas más, pero seguir preguntando sobre su amiga a ese tipo resultaba como buscar agua en las dunas. Suspiró.

Después de despedirse, fue al Bar Papillón por una cerveza. En el camino llamó a Raymundo.

—Está cabrón.

—Claro que está cabrón —le respondió Raymundo.

Luis frunció el ceño.

—¿Cómo dices?

—Todo está cabrón. Leí sobre el payaso que mató a dos personas.

—No mames, Ray.

—La madre de un niño murió.

Luis Kuriaki volvió a suspirar y miró hacia el frente. En el semáforo a un lado del Parque Borunda detuvo a un limpiavidrios que estaba a punto de lanzar agua con jabón a su parabrisas.

—Una colega de Verónica no tiene idea de por qué la asesinaron —dijo Luis Kuriaki.

—¿Con quién más hablaste?

—Uno de sus amigos discutió con ella hace poco por su trabajo y por fumar mota.

—A nadie matan por su trabajo o por fumar mota.

—Sí.

—¿Se lo dejarás a la policía?

—Eso mismo hago.

—Suenas a superhéroe.

—Esos no existen.

—Yo creo que sí existen —dijo Raymundo.

—¿Qué me quieres decir?

Luis se detuvo frente al Papillón. De los pocos bares que sufrieron grandes pérdidas durante el dos mil nueve y dos mil diez, cuando se agudizó la ola de violencia de narcos, policías y militares estaba el Papillón.

—Pinche Luis, deja eso por la paz.

—Es que sigo soñando con Verónica y me pide que la ayude.

—Ese sería tu superpoder.

—No entiendo.

—Tú eres periodista, pero hay otra parte oscura en ti, la que sale por la noches a hacer algo por la pinche ciudad.

—Eso ya lo viví hace un año y no me funcionó.

—Estás tratando de ver lo que sucedió con Verónica, buscando al malo.

—¿Cuál malo, Ray?

—No sé. Pero ahí estás en medio de algo sin pies ni cabeza.

—¿Y mientras?

—No sé.

—Es patético.

—Puede que sí.

—Es muy patético, pinche Ray.

—Ahí no termina.

Entonces Luis le dijo que lo llamaría más tarde. Se bajó del auto. Su celular sonó de nuevo. Era el jefe de redacción. Decidió obviar la llamada.

Mientras se tomaba una Tecate en lata con sal y limón sentado a la barra del Papillón recibió una llamada de Rossana.

—El jefe te busca.

—Ya me encontró.

—No hablo por él.

—Vente a vivir conmigo.

—Pinche Luis.

—Me gustas.

—¿Solo por eso?

—Sabes a lo que me refiero.

—Eres un cabrón.

—Es que no lo soy.

—¿Te puedo ver por la noche?

—¿Hablaste con el jefe?

—No.

—Me gustó la nota del payaso asesino.

—Gracias. Quieren más notas así, al menos una diaria.

—¿Qué saldrá mañana?

—El jefe solo quiere que vayas a tomar fotos a una casa en el fraccionamiento San José. Una mujer se suicidó.

—Lo sabía.

—Lo siento, mi vida.

—¿Te puedo ver en la noche?

—Sí.

Después de tomarse varias cervezas en el Bar Papillón, Luis, un poco ebrio, se estacionó a unos metros de la casa de la madre de Verónica Mancera. Conocía bien el barrio. Al fondo de la cuadra vivía un amigo de la infancia con quien había jugado beisbol; más allá se encontraba el parque donde besó a su primera novia cuando tenían quince años. Cada tercer día la visitaba y juntos caminaban hasta el parque donde terminaban besándose con urgencia. Solo eso, que en aquel tiempo era suficiente.

Luego se dejaron de ver. Luego fue la cocaína…

Luis se sintió mareado, se le revolvió el estómago, pero tomó aire para poder resistir las arcadas.

A pesar de las luces encendidas, la casa parecía estar vacía. Si en ese momento fuera hasta allá y llamara a la puerta, ¿qué le preguntaría a la madre de Verónica? ¿Qué tono usaría? En algún momento la señora salió con una bolsa negra para depositarla en un tambo que usaba para la basura. Se veía disminuida y más vieja de lo que la recordaba en el funeral apenas un día antes. Quizá todos los que se habían presentado en aquel lugar se veían igual de viejos y gastados que ella. Insomnes. Percudidos como ropa mal lavada por un destino de piedra y agua dura.

Buscó en la guantera la redoma de *whisky* solo para sentir que estaba vacía. La agitó y al comprobarlo se sintió triste porque apenas la había llenado. Iba rápido.

La mujer, después de tirar la bolsa se quedó mirando al suelo un segundo y luego entró a su casa.

Luis abrió la puerta del auto y puso un pie fuera. Suspiró.

"¿Qué estoy haciendo?", se preguntó y se detuvo.

Bájate, le ordenó una voz interna. *Anda, bájate y ve y pregúntale si su hija sospechaba que iba a morir pronto*.

Luis movió la cabeza y se quedó así un segundo, hasta que una voz real lo tomó por sorpresa.

—¿Qué haces aquí, Kuriaki?

Luis contuvo la respiración y volteó la cabeza hasta toparse con el agente Gándara.

—Buenas, Kuriaki, ¿cómo estás?

—Aquí, saludando a mis amigos.

—Ya me enteré de que andas por ahí *investigando*.

Luis lo miró a través de la ventanilla del pasajero, pero no dijo nada.

—Estos no son tus territorios, Kuriaki.

—Ninguno lo es.

—Te podría llevar por borracho.

Luis sonrió.

—Solo hago mi trabajo, oficial.

—Vete a casa, Kuriaki.

—Ajá.

—Aquí no hay nada para ti.

—Tiene razón.

—Recuerda lo que te sucedió el año pasado.

—¿Qué sabe usted?

—Digamos que no importa.

Kuriaki murmuró algo ininteligible.

—¿Qué dijiste? —preguntó Gándara.

—¿Sabe lo que escribiré del agente Martín Saldaña, encontrado muerto en el motel Las Fuentes?

Gándara, con los brazos cruzados, guardó silencio.

—Nada, eso escribiré.

—¿Qué me quieres decir, Kuriaki?

—Que me voy.

—Me parece pertinente, porque en verdad te ves muy borracho y no quisiera que causaras algún problema vial.

Luis volvió a asentir y encendió el auto.

Cuando Gándara aceleró y dio vuelta en la esquina, Luis apagó el auto, cerró los ojos y se durmió frente al volante unos veinte minutos. Al despertar ya estaba oscureciendo. Encendió el auto, fue al fraccionamiento San José, buscó la casa de la suicida, que no fue difícil de encontrar, desde el auto tomó fotos de la fachada, las envió por celular a Rossana y se fue a su casa.

A las ocho de la noche, ya en casa, Luis caviló en lo que tenía que hacer. La recámara tenía cierta atmósfera enrarecida que lo inquietaba.

Llamó a Rossana.

—Me duele la cabeza y pienso en lo que está sucediendo y en lo que puede suceder y creo que no tengo alternativa —le dijo arrastrando las palabras.

—¿Estás borracho? —le preguntó ella.

—Tengo que hacer esto.

—No tienes que hacer nada, Luis, no me gusta como suenas.

—Todavía me duele la cabeza del golpe del año pasado.

—Ven a casa.

Luis se aclaró la garganta y dijo que lo haría.

Colgaron.

Salió, se subió al auto y antes de encenderlo se pasó las manos por el rostro. Llegó a un Oxxo y compró un seis de Tecate. Abrió una lata y bebió en tres tragos la mitad, esperando que el dolor de cabeza desapareciera de inmediato.

Mientras recorría las calles recapacitó en las sombras que acechaban la vida. Recordó la primaria en la que había estudiado y las monjas que trabajaban ahí. Las mismas que odiaban que pusiera música rap, que a él no le gustaba, pero lo hacía para sacarlas de quicio. Recordó los fines de semana en patines sobre la pista de hielo de la plaza comercial, que apenas duró dos años por la recesión de los noventa. Recordó los viajes al Parque Borunda en bicicleta para comer elotes a escondidas de sus padres. Un recorrido de una hora por calles que ahora permanecían cerradas con portones de metal o custodiadas por agentes de seguridad privada. Una ciudad ni tan vieja ni tan nueva con la forma de un cuervo con las alas extendidas sobre su presa. ¿Y cuál era esa presa?, se preguntó Luis mientras pasaba cerca del Tecnológico de Monterrey donde había estudiado y había usado gel en el cabello y zapatos Diesel y camisas Express y manejaba una motoneta Honda. Trató de no mirar más de la cuenta. Se avergonzaba de aquellos tiempos y a la vez sabía que ellos y la cámara Nikon que le regaló su madre cuando empezó la carrera de Ciencias de la Comunicación lo habían formado. Eso y la cocaína, por supuesto, que no podía olvidar. Más allá del Tecnológico, hacia el este, se encontraba el Hipódromo. Cerca de ahí fue donde por primera vez a los quince años probó la cocaína. Aceleró el auto.

~

Cuando Rossana abrió la puerta principal de su casa, se asustó un poco. El semblante de Luis era el de un fantasma. Le pidió que pasara y en un arrebato se empezaron a besar. Ella lo jaló de la mano a su recámara y se desnudó. Apagó las luces y cerró las cortinas.

—Quiero algo— le dijo al oído y Luis respondió con una caricia en el rostro; su respiración olía a alcohol.

Ella suspiró, le tomó la mano y se la llevó a su pecho desnudo y dejó que la mano sostuviera su seno derecho.

Jadeaban.

Ella le desabrochó el cinturón y el pantalón en dos movimientos.

—Aprieta —dijo ella. Luis sostuvo la respiración y presionó con sus dedos la carne suave.

—Más —pidió.

La mano se cerró firme.

—Me gusta —dijo ella.

—Sí —contestó Luis. Y en medio de la oscuridad la voz se le quebró y la presión de la mano se fue.

—¿Qué pasa? —murmuró ella.

—Es todo —respondió Kuriaki—. Es Verónica que me habla en sueños. Es cómo la encontramos en su recámara.

—Entiendo.

—Lo siento —dijo Luis y se dejó caer sobre la cama, y Rossana se acurrucó a su lado. —Un día te contaré mi vida —le dijo.

—Ya la conozco.

—No toda —respondió él y cerró los ojos, y ambos se quedaron dormidos escuchando la calefacción que entibiaba la recámara. Faltaban pocas semanas para que el aire templado de la primavera comenzara a rondar la ciudad.

Luis soñó que Verónica Mancera le mostraba un libro, pero no podía enfocar los ojos para leer siquiera el título de la portada. Atrás de ella se encontraba el agente Gándara.

Rossana soñó que Luis era tan pequeño que cabía entre sus manos y trataba de protegerlo de una lluvia incesante que iba cubriendo su cuerpo y cada vez necesitaba levantar más las manos para que no se ahogara. "Estoy aquí", decía en el sueño, y en la vida real soltó un AQUÍ tan claro y sonoro que despertó a Luis.

Él trató de cerrar de nuevo los ojos pero no lo consiguió. En medio de la noche reconoció los colores de la recámara. Se levantó con cuidado y buscó en su pantalón la cajetilla de cigarros.

"Chingao", dijo al percatarse de que estaba vacía. Se quedó sentado en la orilla de la cama contemplando el cuerpo de Rossana hecho un ovillo. Apenas si recordaba que había soñado con su amiga muerta. Se pasó las manos por el cabello y supo lo que tenía que hacer.

Mientras se vestía, Rossana se despertó.

—¿Adónde vas?

—Por ahí.

—Luis, ven.

—Tengo que hacerlo.

—Sigo sin entenderte.

—Tengo que saber qué le sucedió a Verónica. Tal vez así deje de soñar con ella.

—Lo que tengas que hacer, hazlo mañana.

—Si no sabes de mí mañana por la mañana, habla con mi madre.

—Pinche Luis.

—Te llamo en cuanto termine.

—Sí.

—¿Sí qué?

—Me voy a vivir contigo.

—De eso hablamos pronto.

Rossana vio cómo se calzaba los zapatos y desaparecía del cuarto. Lo iba a llamar de nuevo, pero lo escuchó bajar las escaleras, abrir la puerta principal y salir a la noche.

Eran las dos de la mañana cuando Luis subió al auto y lo encendió. De inmediato los vidrios se empañaron. ¿Estaba seguro de lo que iba a hacer? Apagó el motor y miró hacia ambos lados de la calle; su instinto le decía que necesitaba tener mucho cuidado con lo que iba a hacer; pensó en Rebeca Alcalá, quien lo había recogido, arropado y cuidado la vez que estuvo a punto de perder la vida. ¿Cómo nunca se dio cuenta de quién había sido ella en realidad? Sintió vergüenza por ser tan ciego; y luego, como la cereza en el pastel, Rebeca lo abandonó para siempre. Apretó el volante y la espuma azul rechinó bajo sus dedos. ¿Y si Rossana también lo abandonaba? Eso no sería posible concluyó; después dedujo que era demasiado probable, y suspiró, y supo que la paranoia era un síntoma terrible de algo más grave. Se pasó la lengua por los labios y se enfocó en lo que necesitaba hacer.

Agitemos la jaula, decidió, y puso el auto en marcha.

Se dirigió al este, tomó la Curva Morfin y se enfiló al sur. Al pasar por el cementerio Jardines Eternos disminuyó la velocidad, pero no se detuvo. La barda de cemento se extendía a su lado como si lo acompañara hasta que quedó atrás. El trayecto duró veinte minutos más hasta su destino.

Estacionó el auto a una cuadra de la escena del crimen. Desde ahí, excepto por las cintas amarillas que movía el viento de la noche, el sitio se veía tranquilo. ¿Qué esperaba encontrar adentro? "Qué importa", dijo, y observó la temperatura en el tablero del auto. Cinco grados bajo cero. Se apeó y se acercó oteando ambos lados de la calle. Estudió la casa. Las ventanas de arriba no tenían protección. Caminó hasta la esquina. La prisa de autos y camiones se oía cerca. Tomó aire y de un salto trepó la barda y caminó por ella hasta alcanzar la casa de su amiga. Ni una ventana tenía protección. Se puso unos guantes de látex, se quitó la chamarra de mezclilla y con ella amortiguó el golpe para romper la ventana de la cocina; alcanzó el seguro de aluminio, lo destrabó y corrió la ventana. Entró con cuidado y encendió la lámpara de mano. Caminó por la casa sin saber bien a bien qué buscaba o qué encontraría.

En el fregadero vio algunos platos apilados con restos de comida. Por alguna razón abrió la alacena y los cajones de los cubiertos. En la sala los sillones estaban desordenados; no recordaba haberlos visto así la primera vez que entró.

"Pinche Gándara", murmuró mientras alcanzaba las escaleras y subía al segundo piso.

Recorrió la recámara principal; casi podía ver el cuerpo retorcido de Verónica en el piso. Se le revolvió el estómago. La luz de afuera rebotaba en el tocador con las cosas desparramadas por la superficie y espolvoreadas con carbonato de plomo; había demasiadas huellas digitales por todos lados. Abrió los cajones del tocador y de uno de ellos sacó un álbum de fotografías. Las examinó. Verónica abrazada a una amiga en algún bar, sus padres sonriendo en otras, sus hermanos brindando con cerveza en otras más, Verónica de niña con un vestido azul cargando un gato siamés. Lo cerró y lo colocó de nuevo en su lugar. En el baño revisó el contenido del botiquín. Aspirinas, enjuague bucal, dos cajas de Tylenol, merthiolate, gasa y un dosificador de clembuterol. Llegó al cuarto acondicionado como estudio. Entró y revisó los libros que estaban sobre el escritorio. La computadora, en el centro, apagada. Una fotografía de Verónica con la Torre Eiffel detrás, una canasta con jabones de colores. Tomó uno y se lo llevó a la nariz, olía a menta y yerbabuena.

"Chingao", dijo Kuriaki, y suspiró.

Desanduvo sus pasos y al llegar de nuevo al umbral de la puerta se detuvo y miró hacia atrás. Nada parecía fuera de lo común, pero regresó al escritorio. Observó lo que allí había una vez más. Cuadernos de espiral. Hojas blancas, notas pegadas en el monitor de la computadora.

Con el dorso de la mano movió un fólder oscuro y encontró un documento engargolado que llevaba por título *Entrevistas*. Se hizo un poco hacia atrás y miró la escena completa.

Se acercó de nuevo al engargolado y lo abrió al azar. La página que encontró llevaba por título "Juana".

Trabajaba en algo peliagudo, le había dicho su amiga.

Leyó las primeras líneas y se saltó varias páginas más hasta encontrar otro título: "Lola".

"Entrevistas", murmuró Kuriaki. Y esperó algún tipo de señal por parte de su amiga muerta, pero todo seguía en calma. Tomó el engargolado y comenzó a bajar las escaleras. El corazón se le empezó a acelerar. La respiración se le agitó y se detuvo al pie de la escalera. Escuchó ruidos afuera de la casa. Alguien se reía y alguien más murmuraba algo.

"Pendejo", se dijo Kuriaki. Esperó un segundo hasta que los murmullos desaparecieron. Quizá solo era alguien que pasaba por ahí. Llegó a la cocina, cruzó la ventana rota, se trepó, caminó por la barda y llegó casi corriendo al auto.

Ya adentro le escribió a Rossana diciéndole que estaba en casa, que no se preocupara de nada.

"Ahora te llamo", le respondió ella.

"No es necesario, ya estoy por dormirme".

"Pinche Luis", contestó ella, y ninguno de los dos agregó nada más.

Pastrana y Luna gastaron las primeras horas de la tarde en el auto bebiendo café y mirando a la agente Ruth Romo pasar a su lado con sus mallones negros y apretados. Ahora las bragas de color blanco acentuaban aún más el cuerpo que el día anterior.

—Taverna me llamó —dijo Luna.

—Ajá.

—El Zurdo está metido en un apuro cabrón. Dicen que ayudó a escaparse del hospital a Samantha Valdez.

Pastrana no dejaba de mirar al frente. A través de los lentes oscuros apenas si se apreciaba que parpadeaba.

—Pero Taverna asegura que no dura ese asunto —completó Luna.

—Nada dura —respondió Pastrana.

—Hubo bazucazos en el tiroteo.

—Ahí viene Romo —respondió Pastrana.

La agente pasó trotando a un lado del auto y ambos se quedaron en silencio.

—Pero qué buena está —dijo Luna después de un rato, y Pastrana contuvo la respiración mientras miraba hacia el fondo del parque.

—Tenemos algo —dijo una voz por el radio.

La agente Romo disminuyó el paso.

—¿Para qué hace eso? —dijo Luna.

—A sus tres —dijo la voz por el radio, al tiempo que Pastrana y Luna bajaron del auto.

El sol ya casi se ponía y el aire comenzaba a enfriarse.

—Al fondo del parque —agregó la voz del radio seguida de un ruido blanco, y entonces vieron la silueta de un hombre de negro a la distancia, entre los moros sin hojas. Era una distancia considerable, trescientos metros, quizá un poco más. Notaron que llevaba puesta una sudadera con capucha.

—Si corre no lo vamos a alcanzar —dijo Luna.

Pastrana miró al hombre enfilarse hacia la agente Romo y comenzó a caminar hacia él.

El hombre se detuvo.

Pastrana se detuvo también y avisó por radio para que las patrullas cercaran el lugar.

—Está muy lejos, no lo alcanzaremos —insistió Luna.

El hombre avanzó de nuevo en dirección a la agente Romo. Ambos agentes caminaron con cautela hacia el sospechoso.

—Hace dos días se me dobló el tobillo y me duele —dijo Luna.

Pastrana gruñó.

El hombre de negro se detuvo una vez más.

—¿Y si resulta que no es? —agregó Luna.

—Espera —dijo Pastrana. Le pasó el radio y volvió a avanzar hacia el sospechoso. Primero dando pasos, luego zancadas para tomar velocidad.

El hombre de negro se dio cuenta de lo que pasaba y corrió en dirección opuesta a Pastrana.

—Chingao —exclamó Luna y siguió a Pastrana, que ya iba muy adelante. En medio de la oscuridad cada vez más espesa vio la persecución entre los árboles adormilados, la agilidad de Pastrana sorteando obstáculos, como un lince o una pantera o algún robot en forma de animal. Trató de correr tras ellos pero el tobillo le dolía, y mientras renqueaba vio el momento en que Pastrana alcanzaba al hombre de negro y lo tumbaba al suelo. Vio la mano derecha del policía encajarse en el rostro del tipo.

"¿Y si no es él?", dudó Luna, pero sabía que Pastrana nunca se equivocaba. Disminuyó el paso. Los sonidos que hacía el hombre en el suelo por los golpes que recibía eran cada vez más claros. Sonidos de pulmones sin aire. Nudillos encontrando carne y hueso.

Luna llegó caminando y le dijo a Pastrana que era suficiente.

El tipo de negro ya mostraba un ojo cerrado. Tendría alrededor de treinta años y llevaba una barbita de chivo.

—Eres tú, ¿verdad?

—Yo no hice nada —respondió el tipo de negro y escupió sangre.

Luna se acercó y le sacó la cartera; encontró su licencia de conducir.

—Estás cabrón, Pastrana —dijo Luna, y cerró la boca.

El tipo volvió a escupir.

—No entiendo por qué me detienen.

—Porque corriste —respondió Luna.

—Corrí porque ustedes empezaron a perseguirme.

—Ella es policía —intervino Pastrana, señalando a la agente Romo que se acercaba. Alrededor del parque ya se veían las torretas encendidas.

—No es la primera vez que me llevan preso.

—Ahora es distinto —dijo Luna, y miró a la agente Romo a su lado.

—Te vamos a llevar a Babícora —dijo Romo tomando aire.

El hombre los miró incrédulo.

—No entiendo.

—Ellos te arrestarán —dijo Pastrana—, luego te soltarán.

El hombre frunció el ceño y la agente Romo se limpió el sudor acumulado en el labio superior.

—Me están confundiendo. Con qué fundamento, bajo qué artículo.

Pastrana se acuclilló y miró al hombre a los ojos.

El hombre se hizo hacia atrás.

—Yo te buscaré —completó Pastrana.

Romo se acercó, pero Luna le pidió que se detuviera. Sacó el *taser* que llevaba preparado. —A mí no me andes con cosas —dijo, y disparó a los testículos del hombre, que comenzó a retorcerse.

Un poco más, pensó Luna, hasta que escuchara el sonido que hizo Knoxville en el piano mientras su amigo Steve-O le descargaba electricidad en la entrepierna. Ciertamente aquí no había piano y tal vez la pistola que usaron en la charla no tenía tanta carga como esta, pero la música que le llegaba a los oídos de todo aquello valía la pena.

El teniente Martínez le pidió al agente Pastrana que se sentara.

—No lo entiendo, Pastrana.

El agente no respondió.

—Tuvimos suerte de que no nos demandara.

Pastrana parpadeaba detrás de los lentes negros. Martínez apenas podía ver el contorno de sus ojos.

—Somos la policía, cómo nos va a demandar.

—Sabes a lo que me refiero.

—No debió correr. Quizá envió a un señuelo antes.

—Afortunadamente no le rompiste nada. Tuvimos que sobornar a la prensa y seguro ya asustamos al pendejo ese del violador.

—Deberíamos seguirlo por un tiempo, solo para estar seguros de que no tiene nada que ver con él.

—No es la primera vez que te equivocas, Pastrana.

—Es la primera vez que trabajo por encargo con la policía local.

Martínez se restregó la cara con ambas manos a manera de respuesta.

—Solo le pido que ponga a alguien tras él unos días —agregó el agente.

—Lo pensaré, Pastrana. Ahora estoy pensando que quizá esto ya jodió el asunto por completo.

—Me llevaré el *sketch*. Tal vez lo pueda localizar de otra manera.

—Haz lo que tengas que hacer, pero mañana te necesito en El Chamizal. Con Luna.

Pastrana se levantó y caminó hasta la puerta. Antes de salir observó el cuadro que colgaba ahí, un mar rojo como si fuera un incendio. Lo miró un segundo y se sintió en medio de aquella agua de fuego.

—¿Entonces? —dijo Martínez sacándolo de sus pensamientos.

—Dígame.

—Te digo que no entiendo por qué le electrocutaron los huevos.

Pastrana negó con la cabeza y salió de aquel sitio.

A la medianoche una bala perdida se impactó en el muslo izquierdo de María Miranda, una joven de quince años, en la colonia Ex-Hipódromo, sobre la calle Porfirio Díaz. De inmediato sus familiares la llevaron a la Cruz Roja y de ahí la trasladaron al Hospital General. En un principio no la quisieron atender, pero el padre de la joven sujetó del brazo a uno de los paramédicos hasta que entendió. Sin embargo, media hora después llegó un policía a interrogar a los padres mientras la joven era intervenida.

~

A la una de la mañana, después de estar evadiendo a Rossana, Luis Kuriaki apagó su celular y comenzó a leer el engargolado que había tomado de su amiga muerta.

El nombre que llevaba cada capítulo correspondía a una mujer entrevistada.

Juana, Silvia, Celys, Tomasa, entre otras. Cecilia, Ana y María, quizá las más jóvenes. El trabajo que llevó a cabo Verónica Mancera era extenso. Cada página describía las situaciones y las golpizas dadas a las mujeres por sus maridos. Violadas. De

Durango, Zacatecas y Veracruz; de Torreón, Delicias y Parral. Las más chicas, de aquí mismo, de Ciudad Juárez, trabajadoras de maquila que conocieron a sus novios o futuros esposos en la línea de producción; mujeres que necesitaban amor y se apresuraron, y a los susodichos, como vampiros, después de ser invitados a pasar a sus casas no hubo manera de sacarlos. Golpes. Insultos. Humillaciones. Unas llevaban trece años en eso. Y siempre empezaba de la misma manera: un manazo en el dorso de la mano, un golpe tenue con el puño cerrado en la pierna, el callarse para que no se enoje nadie, no denunciarlo para que su madre no creyera que era una dejada, una débil.

Celys en algún momento vio la oportunidad de salir de casa para regresar con su madre en Fresnillo, Zacatecas, la cual, al segundo día le recomendó, le pidió, le exigió, que regresara con su marido. Que así era. Que así fue con ella y su madre y su abuela y… No importaba ese aventón inicial, el grito por no hacer lo que él quería, no importaban el moretón ni los dientes flojos. La sangre al orinar. La gota de sangre en la sábana blanca, una sola gota en ese mar blanco perfecto y estirado, como a él le gustaba, como tenía que ser, como debía ser. Nada importaba. Unas con estudios de primaria únicamente, otras con la secundaria y las menos con la universidad truncada. Luis detuvo la lectura y observó su recámara. Un silencio avasallador la contenía. Las cosas en su lugar preciso. El peine que casi nunca usaba. El gel para cabello a medio terminar, el desodorante recién comprado, cada objeto absorbiendo algo de él. Él mismo transformándose en algo inanimado, como una lata de cerveza vacía en la esquina del tocador. No había nada que hacer ante tales cosas. El grito ahogado de alguien, el golpe seco, el rodillazo en el estómago, en los genitales. Él lo sabía bien; él y el bastón de seguridad del auto en su mano reconocían aquello a los veintidós años, antes de la última recaída y la última sobredosis, antes de ser internado…

Se miró las manos y se incorporó de la cama.

"¿Verónica?", preguntó en voz alta, pero solo le contestó el motor de la calefacción.

"Esto no es como el año pasado", se dijo. Samuel Benítez, su amigo yonqui muerto, había fallecido por causas inherente a su trabajo como *pushador* de droga. Pero, ¿y su amiga? *Quizá necesite de tu ayuda*, le había dicho ella aquella vez en El Recreo. ¿En qué andaba metida?

A diferencia de Samuel Benítez, que después de muerto parecía escucharlo en su recámara, Verónica solo le hablaba en sueños.

"¿Verónica?", le preguntó una vez más a la recámara vacía y se sintió estúpido. Miró las hojas en sus manos; cada entrevista que leyó le recordó quién era él y eso no le gustaba. Cerró los ojos y vio su mano blandir aquel bastón una y otra vez.

El murmullo de la calefacción cesó y entonces el siseo de la ciudad se oyó claro. La prisa contra el pavimento, sirenas distantes, el constante zumbido de los cables de alta tensión, algún radio encendido en la lejanía, aullidos o sonidos de cosas oscuras simulando aullidos. La respiración de la ciudad como un conglomerado de todo eso y más.

"Yo no soy mejor que ninguno de estos cabrones", dijo, y apretó las páginas. "¿De qué manera podría haberte ayudado, Verónica?", le preguntó al cuarto vacío y esperó y no sucedió nada.

—Necesito tu ayuda —le dijo Julio Pastrana a Victoria Aguilera, y puso en el escritorio el retrato hablado del multiviolador. Un escritorio antiguo de caoba tallada. La oficina era amplia, de paredes blancas con tallones negros hechos por los respaldos de las sillas. Hacía frío, pero ella solo llevaba una blusa rosa de manga larga. En cambio él, aparte de los lentes negros vestía una chamarra de piel forrada. Victoria Aguilera observó la hoja y se mordió el labio inferior.

—¿Necesito saber algo más?

—Como qué —preguntó él sin preguntar.

—Hace un año me pediste algo similar, pero el sospechoso ya estaba muerto.

—Esto es distinto —dijo Pastrana, y cerró y abrió la mano derecha.

—Tienes que ir a revisarte eso —dijo ella.

—Sí —contestó Pastrana, y se acomodó los lentes negros.

Ella hizo una mueca.

—Veré lo que podemos hacer —dijo, y le pidió a su secretaria por teléfono que entrara.

En una de las esquinas de la oficina, Victoria Aguilera conservaba una botella de *whisky* Old Parr plateado. Se dio cuenta de que Pastrana la miraba.

—A veces la necesito —dijo ella, y se llevó la mano izquierda al cuello.

La secretaria entró, saludó al agente con un formal "Buenos días", y Victoria le entregó el retrato hablado.

—Necesito que me ayudes con esto —le dijo Victoria Aguilera y la miró a los ojos. La secretaria sonrió, tomó el papel y salió.

—En la entrada vi más custodios de los normales —dijo Pastrana.

—Para eso es la botella.

Pastrana la miró y suspiró.

—Ayer por la noche asesinaron a un reo —agregó ella—. Apenas llevaba una semana aquí y lo mataron en el baño.

El rostro de Pastrana era una alberca en plena calma.

—Dicen que le hizo propuestas indecorosas a otro reo —siguió ella—, pero no es cierto.

Pastrana suspiró ruidosamente.

—Lo teníamos aquí por haber violado a su hijastra de cuatro años. La información se filtra como agua, ya sabes.

Pastrana se masajeó los ojos.

—Dicen que me van a mover y me lo repiten una y otra vez, pero no sucede. Pedí mi transferencia a la presidencia y sigo aquí.

—Y qué pasó con el reo —preguntó Pastrana.

—Ahora los peritos investigan el asunto, por eso ves más custodios. Les hacen compañía, los ayudan, los distraen, pero los pinches peritos hacen como que hacen y solo alborotan a los reos. El tipo murió de una golpiza espantosa. Le sacaron un ojo y se lo dieron a comer, mientras lo violaban con el palo de una escoba. Perforación de intestinos, entre otras cosas, ya sabes —dijo, y se levantó y se sirvió un *whisky*. Miró al agente—: ¿Seguro que no quieres?

Pastrana se cruzó de brazos y después de pensarlo un segundo asintió.

—Eso —exclamó ella, y se aclaró la garganta.

Por la tarde Pastrana volvió a hacer guardia en El Chamizal al lado de Luna. La agente Romo pasó cuatro veces junto al auto y al caer la noche se dieron por vencidos.

—¿Qué pasará si no agarramos a este cabrón? —preguntó Luna.

—Nada —contestó Pastrana.

—No digas eso.

Pastrana, como respuesta, se dispuso a seguir con la mirada a la agente Romo hasta que se subió a su auto y se alejó a baja velocidad. Entonces apagó el radio que descansaba en su piernas.

—Se sintió bien haber electrocutado al cabrón de ayer, lástima que no era el puto violador.

—Quizá tenga algo que ver con él —respondió Pastrana.

—No lo creo.

Pastrana se levantó los lentes y se masajeó los ojos.

—No seas tan negativo, Pastrana. —Luego se aclaró la garganta y preguntó—: ¿Cómo vas con tu mano derecha?

—Voy —dijo Pastrana, y levantó la mano, la giró de un lado al otro, la abrió y la cerró varias veces.

—Si no hubiera sido por ti, Leyva y yo hubiéramos muerto.

—Nunca lo sabremos.

—Tú solo entraste como desquiciado, ni siquiera esperaste a que diera la orden. Teníamos tanto de no ver una casa de seguridad tan bien armada, y como si nada le reventaste la cara a cuatro cabrones.

—Eran cinco.

—A cinco cabrones.

—Con el tercero fue que sentí algo en los nudillos.

—Ve al médico, al menos visita a Vizcarra, a ver qué dice.

—Estoy mejor.

—Pues para mi gusto se ve más hinchada.

Pastrana abrió y cerró la mano nuevamente. Pensó en Victoria y en su botella de *whisky*. Más tarde, antes de llegar a casa la llamaría. Quizá la visitaría.

—Quizá —dijo Pastrana en voz alta.

—¿Cómo? —preguntó Luna, pero Pastrana no contestó nada.

Ambos se quedaron mirando la oscuridad caer y meterse en los recovecos de la ciudad.

～

Esa noche una persona murió por intoxicación de monóxido de carbono en el Lote Bravo. Había encendido una llanta vieja rodeada de arena en una finca vacía y se había quedado dormida junto al fuego.

A dos cuadras de ahí, Elvia Ramírez apuñaló a su esposo Héctor Miramontes en el corazón mientras dormía. Luego llamó a Emergencias. Cuando los paramédicos llegaron ya era demasiado tarde. En el lugar de los hechos declararon muerto al hombre y la mujer fue arrestada. Mientras la encaminaban a la patrulla, uno de los policías, con intención o no, de eso Elvia nunca estará segura, la empujó, tropezó y cayó al suelo. De inmediato otro policía le dijo: —Qué te pasa —y lo aventó contra el tronco de un moro. Varios policías llegaron y los separaron. Alguien ayudó a la mujer a levantarse y le dijo que todo iba a salir bien.

—No es cierto —contestó ella.

Mariano Leyva miró el reloj. Eran los dos de la mañana en punto. "No puedes seguir tomando mate a esta hora", dijo mirando la matera casi vacía. La yerba bien deslavada. Tomó el diario y buscó la sección policiaca; quizá si leía algo, aunque fuera de robos y asesinatos, le entraría el sueño, quizá. Pasó algunas notas inverosímiles sobre payasos asesinos y autos que huían de la escena del crimen en llamas después de haber atropellado a alguien, y le llamó la atención una nota escrita por Luis Kuriaki que hablaba de Verónica Mancera. Una nota perdida entre tantas. "Aún se desconoce el porqué de su muerte y se sigue buscando al asesino", decía al final. La releyó una vez más y dedujo que por la zona donde habían ocurrido los hechos, aquello le correspondía en primera instancia al agente Gándara.

"Pinche Gándara", dijo en voz alta. Aventó a un lado el periódico y regresó a la computadora donde se encontraba revisando el caso de Javier Solís; releyó algunas entradas. Observó las últimas fotos del cuarto del hospital donde había muerto el cantante, y mientras las miraba los ojos se le cerraron; se quedó dormido sobre el teclado.

El teléfono del mago Bazán sonó alrededor de las dos de la mañana.

—No te pierdas, maguito —le dijo Ricardo Quiñónez en cuanto contestó la llamada.

—No me pierdo.

—Ven a mi casa.

—¿Ahora?

—Sí.

—¿Todavía tienes gente ahí contigo?

—Digamos que estamos celebrando y te necesitamos.

—Estoy muy dormido.

—Lo sé.

—¿Fue el Jefe?

—No te preocupes, mago.

Al colgar, el mago se quedó inmóvil en medio de la oscuridad, sopesando la idea de no presentarse. Ricardo Quiñónez siempre lo había tratado bien, pero ¿qué pasaría si lo dejaba plantado? Quizá lo mismo que le pasaba a su esposa cuando no respondía de la manera en que él quería que respondiera. Hizo a un lado la idea de faltar.

Recordó el truco de la lata de refresco, el sonido apenas audible del aluminio tronando entre sus manos y el aumento del líquido en su interior, y suspiró. Había intentado realizarlo en casa unas cuantas veces más y se había sentido ridículo. Tal vez nunca volvería a hacer aquel truco.

Cuando el mago Bazán se bajó del auto, y mientras se ponía su saco negro lleno de trucos frente a la mansión de Quiñónez, vio que estaban los mismos autos de siempre, pero justo a un lado de la entrada, un Jetta color vino le llamó la atención porque el lado derecho del cofre tenía una abolladura tremenda y le faltaba un foco. "Pobre pendejo", murmuró el mago para sí, y luego caviló en la multa que de seguro había recibido o recibiría si manejaba de noche sin luces. Se encogió de hombros, se tronó los dedos de forma dramática y avanzó adonde lo esperaban. Estaba un poco preocupado. ¿Qué pasaría si se encontraba al Jefe ahí adentro? Tomó aire mientras cruzaba las jardineras hasta la puerta principal. Podía usar la puerta de servicio a uno de los costados para llegar más rápido al sótano donde lo esperaban, pero en cierta forma le agradaba sentir que sus pies manchaban de tierra el mármol de los corredores. Se ajustó el saco y siguió caminando.

Después de presentarse, y antes de iniciar el primer *efecto*, preguntó a la pequeña concurrencia de quién era el auto abollado. Un hombre con la nariz chueca y el cabello rizado levantó la mano. El mago le dijo: "Pues te regalaré este", y sacó un bloque color azul con cuatro llantas que aparentemente con solo el movimiento de un dedo hacía avanzar por el cuarto. La gente comenzó a aplaudir y el mago se sintió relajado porque todo iba de acuerdo a su plan y el Jefe no se encontraba entre el público.

Luis Kuriaki llegó al apartamento de Raymundo a las once de la noche con un seis de Tecate.

—¿Qué me cuentas? —le preguntó Raymundo.

—Nada bueno —respondió Luis. Entró en la casa y fueron hasta el pequeño comedor que estaba en la pulcra cocina. El fregadero estaba despejado y la estufa levantada. El orden lo sorprendió.

—¿Qué quieres decir con nada bueno? —inquirió Raymundo mientras desprendía dos cervezas del aro de plástico y dejaba el resto en el congelador.

—Que esta ciudad nos está devorando —dijo Luis mientras tomaban asiento.

—No es la ciudad, es el mundo entero, y no es hoy, siempre ha sido así —respondió Raymundo mientras destapaba una cerveza y se bebía de golpe la mitad.

—No te vi en el funeral —dijo Luis, y en dos tragos vació la cerveza y dobló la lata a la mitad.

—Nunca voy a funerales, me deprimen; la única persona que quieres ver… bueno, ya sabes. ¿Cómo estuvo?

—Como todos los funerales —respondió Luis pasándose una mano por el rostro.

—¿Cuántas llevas? —preguntó Raymundo mirando la lata de Luis. Se paró, sacó otra del congelador y se la tendió.

—Muchas desde que descubrí el cuerpo de Verónica en el piso de su casa.

—Seguro yo estaría igual.

—Te quiero contar algo —dijo Luis, y destapó la nueva lata.

—Dime —respondió Raymundo, y eructó amortiguando el sonido con la mano derecha.

—Tengo un amigo que puede resolver este caso de inmediato.

—Pues adelante.

—No es tan sencillo.

—¿A qué te refieres?

—Si lo involucro, no creo que el pendejo que la mató salga bien librado.

—¿Ojo por ojo?

—Digámoslo así.

Raymundo desprendió el arillo de su lata de cerveza y lo lanzó al fregadero.

—¿Quieres algo más fuerte? Tengo una botella de *bourbon* por algún lado.

—¿Hace cuánto que vives solo?

—Beatriz se fue antes de Navidad. Desde entonces no sé nada de ella. Me bloqueó en Facebook y ya no puedo llamar a su celular. Su madre dice que lo siente mucho.

—¿No crees que sobrerreaccionó?

—Rompí toda la vajilla. Pero después de tantas discusiones era lo menos que quería romper esa noche.

—¿Y te arrepientes?

—Claro. Algo vio en mis ojos esa noche y no le gustó, y a mí tampoco me gustó el miedo que vi en los suyos. Cuando desperté al día siguiente no había nada de ella en la casa. Luego me enteré de que en medio de la noche había venido con unos amigos y sacado sus cosas.

—Creo que exageraron.

—Me enteré de que uno traía un bate de metal, por si acaso.

—¿Por si acaso?

Raymundo se encogió de hombros y desvió la mirada. —Mejor voy por esa botella —dijo, y se levantó y no tardó ni dos minutos en regresar con una botella de Jim Beam que puso en el centro de la mesa.

—¿Crees que sea prudente? —preguntó Luis, y Raymundo volvió a encogerse de hombros, y no hizo ningún gesto de querer hacer nada más.

Luis fue hasta uno de los gabinetes y sacó dos caballitos, abrió la botella y escanció los vasos a tope. Brindaron, bebieron y volvió a llenarlos.

—Te quiero contar algo de aquellos años cuando le hacía a la coca.

—Dime.

—Solo tres personas fueron testigos de ello; una es la víctima y otra es un amigo ya muerto.

—¿De qué murió?

—De una sobredosis.

—¿Te refieres al Topo?

Luis asintió.

Se quedaron callados un momento; entonces Luis dijo: —Estuvimos *pisteando* y dándonos pases toda la noche, hasta las cinco de la mañana. Hacía frío porque recuerdo muy bien que llevaba puesto un suéter azul, y como ocurrieron las cosas creo que nunca lo olvidaré. Mientras el Topo y yo decidíamos qué hacer, si descansar o buscar más, el Paco, que estaba con nosotros, ya había conectado. El asunto era ir por ella hasta el Campestre y ya. Así de sencillo. Nos subimos al auto y sobre la Valentín Fuentes un tipo en un Corvette se me cerró. Me hizo frenar y el Topo se dio un golpe en la boca con el tablero. Paco dijo que no hiciéramos caso; el Topo también me pidió que lo dejara por la paz, y aquí es donde la historia se vuelve incierta, porque solo recuerdo gritos, jalones y sangre.

Luis se detuvo, se bebió el caballito y lo apartó con desdén.

—¿Qué fue lo que pasó? —preguntó Raymundo retrepándose en su silla y cruzando los brazos. Hacía un poco de frío esa noche, pero ya nada comparado con el frío de otros días.

—Según me contó el Topo, le toqué el claxon y el bato de inmediato se bajó y yo también, pero antes saqué de debajo del asiento la cruceta que siempre llevaba conmigo para casos así. Hasta entonces jamás la había usado, ni pensaba que la usaría nunca. Pero entonces comencé a golpear al tipo. Luego entre el Topo y Paco me subieron a jalones al auto y nos fuimos.

—¿Los atraparon?

—Nunca. Unos meses antes de que el Topo muriera, mientras comprábamos unas cervezas en un Del Río, me tomó del brazo, hizo que dejáramos lo que íbamos a comprar, rodeamos los anaqueles y salimos de ahí, porque había reconocido al tipo golpeado. Llevaba un bastón, apenas si podía caminar derecho, aparte de que uno de sus brazos parecía entumido.

Luis hizo un ademán de acercar la botella, pero a medio camino se detuvo y suspiró.

Raymundo preguntó: —¿Qué me quieres decir con esto?

—No sé qué quiero decirte —respondió Luis. Y luego, tras pensarlo un segundo añadió—: quizá que no soy mejor que nadie.

—Ya.

—¿Qué crees tú?

—¿En verdad quieres saberlo?

—Sí.

Raymundo suspiró y pasó una mano por la superficie de la mesa.

—Pensándolo bien, esto no es un cómic, como te dije hace unos días. Uno tiene que hacer lo que tiene que hacer y uno hace las cosas porque las hace. ¿Qué vio Beatriz en mis ojos que la asustó tanto? No me considero mal tipo.

—Eso no me salva de nada.

—¿Buscaste al tipo al que le partiste la cabeza?

—Lo sigo haciendo, pero no he podido dar con él y no sé qué haré cuando lo encuentre.

—Quizá debas llamar a tu amigo para que arregle este asunto de Verónica. Es lo más sensato que puedes hacer. No te salvará de nada, si es que piensas que esto te hará mejor persona. Somos lo que somos. Llámalo y dile lo que sabes.

—Paco me dejó de hablar, por cierto.

—¿Paco Ceniceros?

—El mismo.

—Hizo bien —dijo Raymundo, y se bebió el resto del caballito. Tomó la botella y llenó los vasos una vez más.

Alrededor de las diez de la mañana Luis Kuriaki se despertó con dolor de cabeza. Se dio un regaderazo y tomó una cerveza del refrigerador. Se la bebió lentamente y rellenó con *whisky* la redoma de metal.

A las once de la mañana se encontraba de nuevo frente a la casa de Verónica Mancera. Sacó la redoma, la destapó y le dio un trago. Se apeó del auto con la mirada fija en la casa de su amiga muerta. Tras las rejas negras del portón, las tristes cintas amarillas de la policía se balanceaban apenas con el aire. Rejas negras como tantas otras que cuidaban las viviendas de toda Ciudad Juárez.

"¿Y para qué habían servido?", dijo Luis en voz alta y movió la cabeza en una negativa constante.

En la distancia le llegaban risas amortiguadas de niños, quizá de algún kínder cercano. Caminó hasta la esquina; pasaron varios autos, se detuvo y miró de nuevo la casa. Hacía un poco de frío. Desanduvo sus pasos y se recargó en el cofre del auto. Así estuvo un par de horas. Caminaba hasta la esquina, regresaba a su auto y dirigía la mirada a la casa de su amiga.

—¿Es usted policía? —escuchó justo cuando ya no le veía salida a eso.

Luis se volteó. En el porche de una casa se encontraba una mujer menuda de cabello negro. Negó con la cabeza y se metió un chicle de menta a la boca: —Soy periodista.

—Otros han venido ya.

—Sí —contestó Luis Kuriaki.

—Yo no estaba aquí cuando sucedió.

—Es solo para confirmar datos.

—Usted parece un periodista distinto.

—No sé.

La mujer lo miró con desconfianza, pero no dijo más al respecto.

—Trabajo en una nueva unidad. —Kuriaki mintió y desvió la mirada un segundo.

—Maritza, la de allá, vio lo que sucedió.

Luis Kuriaki siguió con la mirada el dedo que señalaba la cuarta casa de donde se encontraban.

—Gracias —dijo Kuriaki.

—Si en verdad atrapan al desgraciado nos sentiremos mejor.

Luis sonrió a manera de despedida. Cruzó la calle. Sentía el peso de la redoma contra la cadera.

Se acercó a la casa de Maritza y tocó el timbre; suspiró y tocó una vez más.

Una mujer de boca grande apareció en la puerta.

—Diga.

—Soy periodista, me llamo Luis Kuriaki y estoy aquí por lo que le sucedió a Verónica Mancera.

—Ya dije todo lo que tenía que decir.

Luis la miró.

—Verónica era mi amiga.

—¿Era su amiga?

—Estuvimos juntos en la preparatoria.

Maritza se vio interesada, se pasó las manos por el mandil y se acercó a Luis.

—¿Cómo sé que era su amigo?

—Su madre se llama Gloria. Tiene dos hermanos. Le gustaba el beisbol.

Maritza relajó un poco el rostro. —Yo lo vi todo. Se lo dije a un policía muy alto y me dijo que estaba bien, que si necesitaba algo más regresaría, pero no ha sucedido.

—¿Qué fue lo que vio?

Un carro estuvo rondando su casa los últimos días antes de su muerte. Estoy segura de que tuvo que ver con Verónica. Llevaba dos semanas vigilándola. Luego escuché los gritos esa noche. Desde entonces el carro ya no regresó.

—¿Y lo reportó?

—¿A quién? ¿A la policía? Lo había visto varias veces y al principio no le di tanta importancia, pero como están las cosas no le quise quitar el ojo de encima. Luego vi que la puerta de la casa de Verónica llevaba dos días entreabierta.

—¿Sabe cómo era el auto?

La mujer se mordió un labio.

—Quizá pueda ayudarme.

—El policía ni siquiera preguntó nada. Vino, tomó mi nombre y se fue. Así nada más.

Luis agachó la mirada y no dijo nada.

—Dígame su nombre de nuevo —le pidió la mujer.

—Luis, Luis Kuriaki.

—Deme su otro apellido.

Luis Kuriaki Chaparro —dijo, y apretó la redoma de metal.

La mujer miró hacia los lados y dijo: —Le tomé fotos al carro con el celular de mi hija.

Levantó el rostro.

—¿De qué periódico viene usted? Así podré verificar si trabaja ahí.

Se lo dijo. Quería un trago de alcohol.

—Deje que mi hija regrese de la escuela y se las enviaré a su celular. Solo tiene que darme su número.

Luis se lo dio.

—Lo llamaré más tarde —finalizó la mujer.

Luis se lo agradeció y regresó a su auto.

Llamó a Rossana. Al tercer tono contestó.

—¿En dónde estás? —preguntó ella.

—Parece que alguien vio algo.

—¿Estás tomado?

—Una señora vio un auto rondando la casa de Verónica y le tomó fotografías.

—¿Y cómo es el auto?

—Más tarde me enviará las fotografías a mi celular.

—Ella desconfía de ti.

—¿No lo harías tú?

—En esta ciudad más vale desconfiar de quien sea.

—Quizá entonces sí puedas ayudarme. Digamos que localizamos el auto…

—Ajá. ¿Y si resulta que fue robado?

—Ya veremos qué sucede.

—Estoy haciendo lo que puedo —respondió ella.

—En cuanto tenga las fotos te las reenvío.

—No sé qué tanto pueda hacer por ti esta vez Luis.

—Espero que mucho.

—Pinche Luis.

—Pinche Rossana.

Colgaron.

Luis se subió al auto. Sacó la redoma y volvió a beber.

Rossana recibió a Bazán a las tres de la mañana. Fueron a su cuarto y se tumbaron en la cama deshecha. Ella se veía distraída.

—¿Qué hacías?

—Tengo que entregar una nota.

—Dicen que mañana subirá la temperatura —agregó Bazán.

—Házmela buena —respondió ella y bostezó. A lo lejos se oyó la sirena de una ambulancia y ladridos de perros acompañándola.

Bazán barrió con la mirada el cuarto hasta posarlos en una rosa fresca sobre una repisa.

—Siguen dejando flores en el cofre del auto y sigo sin saber quién es —dijo Rossana adivinando los pensamientos del mago.

—Ya lo encontrarás.

—No importa.

Se quedaron callados un rato hasta que Bazán habló: —Creo que me estoy volviendo loco.

—¿Y por qué lo dices? —le preguntó Rossana con la mirada fija en la oscuridad del techo.

—Hace días que trato de llenar una lata de cerveza como lo hago en mis presentaciones y no pasa nada.

—No entiendo.

—Creía que podía hacerlo como si en verdad tuviera poderes.

—Estás muy pirado.

—Soy una estafa.

—Te levantas cada mañana, tomas café y sales a la calle y ya, como cualquiera.

—Esta ciudad es un laberinto y no pasa nada más.

—Ayer por la noche balearon a un muchacho en la Salvárcar; la bala le dio en la cadera, y según la policía no hay ni un sospechoso. Luego están la señora y su hija que se pelearon a machetazos por una caguama; pero eso no es lo peor —Rossana suspiró con pesadez—, un amigo mío dice que habla con una muerta. La semana pasada la encontró molida a golpes; desde entonces no se la saca de la cabeza. Es la espiral de la violencia: de pronto se te acerca para luego tomar distancia. Ahora que lo pienso, quizá sí tengas poderes reales para rellenar esa lata, si mi amigo dice que habla con una muerta, lo tuyo es factible.

—Ahora te estás burlando.

—Hablo en serio.

—Desde entonces no puedo hacer el truco. Era uno de mis favoritos, chingao —dijo, y estiró los brazos como si se hubiera deshecho de un gran peso confesándose.

—Desde entonces mi amigo no deja de beber —agregó ella—, últimamente huele mucho a alcohol.

Bazán suspiró ruidosamente. —¿Tienes ganas de hacer algo? —le preguntó a Rossana; con la poca luz que se filtraba por la ventana podía notar su rostro relajado, la boca entreabierta.

—A veces siento que la ciudad es un pulpo rojo que me tiene atrapada de un pie y cada día que pasa me acerca un centímetro más a su boca.

—Un pulpo rojo.

—Muy grande —dijo, y se apretó el seno derecho y cerró los ojos.

—¿Y qué pasará cuando al fin te tenga en su boca?

—Ahora estoy cansada.

—Me voy.

—No, por favor.

—Ahora que recuerdo tengo que despertarme temprano. Debo llevar a mi madre al médico.

—Duerme aquí.

Bazán miró a su alrededor. La cómoda en orden. Un muñeco de peluche color violeta en un rincón. Un sostén blanco de encaje colgando de la puerta.

—¿Y si yo soy ese pulpo?

—Eres uno de sus tentáculos.

—Entonces crees que la ciudad es un pulpo.

—Antes pensaba que la ciudad era un vampiro.

—Creo que la ciudad no es más que la sombra de algo muy grande.

—Ahora que estamos aquí mirando el techo, dime si te arrepientes de algo que hayas hecho en tu vida.

—Si te refieres a lo que hemos hecho tú y yo, no.

—Hice cosas que hoy las haría diferente; ahora me conformo con lo que soy, trato de vivir conmigo, con...

—¿Con qué?

Ella suspiró y dijo: —Con mis defectos. No los entiendo, pero tengo que lidiar con ellos. Si hubiera sido otro y no tú el que vive enfrente, no creo que hubiera ocurrido lo mismo que pasó contigo. Pero no lo sé.

—Me gustas, Rossana.

—Y tú, ¿te arrepientes de algo?

—Me arrepiento de ser un mago de tercera en una ciudad de cuarta.

—Eso parece un poema.

—He pensado en algo. Desde que esta ciudad existe existíamos nosotros dos. Teníamos otra cara, pero estoy seguro de que hace mucho te vi desnuda a través de una ventana, luego entré en tu casa y en tu vida. Y me arrepiento de tener que levantarme e irme.

—Me gusta tu cercanía.

—¿Qué piensas del futuro?

—Hace poco soñé que me casaba con alguien y teníamos un hijo y con el paso del tiempo las cosas se enfriaban tanto entre nosotros que simplemente nos volvíamos amigos, quizá un poco menos que eso. Vivíamos en la misma casa y yo llevaba a hombres y cogíamos en el sofá, estuviera él o no.

—Parece mi futuro.

—No lo creo, mago.

—¿Estarás mañana?

—No tengo adónde ir.

Bazán se incorporó. Mientras se calzaba los zapatos le llamó la atención un fólder abierto por la mitad.

—Qué extraño.

—Dime.

Bazán tomó el fólder del suelo, se levantó de la cama y encendió la lámpara del buró. Entrecerró los ojos y dijo: —Yo conozco este auto.

—¿Qué? —dijo Rossana incorporándose de un salto.

—Conozco este auto.

—¿Estás seguro?

—El tipo que lo maneja estuvo en la presentación que hice ayer.

—Necesitamos estar seguros de lo que dices.

—Lo estoy, pero no entiendo.

—Es que necesitamos estar seguros de que es el mismo auto.

—Es un Jetta color vino.

—¿Y si el que lo manejaba no es su dueño?

—Yo creo que sí lo es.

—¡Ay mago!, en qué andas metido.

—Explícame —dijo Bazán, y se cruzó de brazos. Miró por la ventana la oscuridad de la calle.

Su casa, desde ahí, se veía pequeña y le pareció desprotegida.

Rossana se mordió un labio y fijó la mirada en la foto del auto abollado.

~

Con muy poco esfuerzo, a través del agente Álvaro Luna había conseguido el archivo del caso de Verónica Mancera. Por la mañana lo había citado para comer unas hamburguesas en un local sobre la calle Melquiades Alanís.

A Rossana le gustaba el agente Luna, entre otras razones por ser un tipo afable y al mismo tiempo violento. Aunque nunca lo había visto actuar de mala manera contra nadie, las *formas* (¿sería la palabra correcta?) como trataba a los sospechosos aprehendidos por él eran muchas: un hombre se había roto los dientes porque el agente lo había obligado a andar en bicicleta con las manos esposadas, otro se había roto un tobillo tras haber sido lanzado de la azotea de una casa. Era tan impulsivo como Luis Kuriaki, y de alguna manera el policía y el periodista podrían llegar a ser amigos un día. Ambos eran igual de temerarios. Aún recordaba el día que había conocido al agente en las instalaciones del Semefo; mientras el teniente Martínez hablaba de la creciente ola de violencia en la ciudad, Luna Cian se encontraba detrás de él. En algún momento las miradas coincidieron y ella no pudo más que sonreírle. Después de la rueda de prensa él se acercó y se presentó.

Luego de las hamburguesas, ambos subieron al auto del agente y él le tendió un fólder. —No sé por qué chingados siempre caigo —le dijo a la periodista. Ella sonrió y le dio un beso.

Fueron a un motel cerca de ahí.

Para las cuatro de la tarde se encontraba nuevamente en su cubículo en *El Diario*. Mientras revisaba sus pendientes, recibió un mensaje de Luis por celular en el que decía que ya tenía un sospechoso relacionado con la muerte de Verónica e incluía varias fotos de un Jetta color vino abollado. El número de placa se veía borroso en algunas; en otras aparecía incompleto. Ya vería quién podía arreglar eso. Rossana las descargó del celular, las imprimió y adjuntó al archivo.

Antes de que Mario Bazán tocara a su puerta, la periodista revisaba con detenimiento las fotos del auto. El archivo también incluía fotos de Verónica

Mancera muerta a mitad de la recámara. Los ojos grises, un brazo en una posición irreal. La nariz morada y chata. Un cuerpo en un cuarto muy similar al suyo. Cuando le preguntó a Bazán de qué se arrepentía en la vida, ella se refería a eso. De haber llegado tan lejos en cosas así. ¿Y qué le causaba? Náuseas. Soñaría con aquella boca abierta e hinchada un par de días.

Cuando comenzó a trabajar en *El Diario*, al tercer día recibió un video de un hombre siendo decapitado por otro con un cuchillo. El hombre gritaba mientras el filo cercenaba su cuello, luego la vida se le fue y entonces solo quedó la cabeza con los ojos y la boca abiertos. La imagen le duró un año completo grabada en el cerebro. Parecía como si hubieran aventado el cuerpo al fondo de su mente y al frenar en cada alto o luz roja, o cada vez que subía las escaleras a su cuarto, daba tumbos ahí adentro. Cerraba los ojos y la imagen del muerto se proyectaba en el interior de sus párpados. Luego tuvo que mirar otras fotos y los momentos de asco y terror disminuyeron hasta hoy, cuando solo duraban unos pocos días en su memoria.

Quizá la ciudad sí era un vampiro que destruía todo a su paso. Tal vez ella era el pulpo rojo, o mejor aún, el pulpo rojo no quería comérsela de un bocado. Quería protegerla.

—¿Seguro que es el auto? —le preguntó de nuevo a Bazán, mientras el ansia que la invadía se volvía roja. Roja como un tentáculo, roja como el agua, como las lenguas y los dientes y la noche y la ciudad cerrándose sobre ella.

Algo respondió Bazán, pero ya no escuchaba, sintió una arcada y corrió al baño, y aunque no lo podía creer, la sensación le agradó más que el ansia por lo otro. Vio el retrete blanco y sintió una arcada más.

~

Esa noche, mientras Luis Kuriaki esperaba la llamada de Rossana, que nunca llegaría, Mireya Chávez Galaviz, en la colonia Anáhuac, harta de escuchar el llanto constante de su hija recién nacida, la tomó en brazos y la abandonó en un predio cercano a su casa. El aire soplaba frío; se le podía escuchar pasar entre las ramas de los sauces y los árboles de moras que rodeaban el lugar. A pesar del fuerte llanto, la mujer ni siquiera miró hacia atrás. Llegó a su recámara y por primera vez en tres semanas pudo dormir. La niña murió. Cinco días después la mujer sería vinculada a los hechos y condenada a cuarenta años de prisión, aparte de tener que pagar una multa por setecientos cincuenta salarios mínimos.

Rossana Rodríguez sabía que tendría que involucrar una vez más al agente Álvaro Luna para mejorar la calidad de las fotografías del Jetta y así verificar el número de placa y entonces dar con el nombre y la dirección del sospechoso. Pan comido, por supuesto, pero algo no le gustaba de todo aquello. ¿Y si el auto utilizado era robado y el hombre que ahora lo manejaba no tenía nada que ver con la muerte de Verónica Mancera?

Luis Kuriaki confiaba en ella, pero si no lo ayudaba estaba segura de que él buscaría ayuda por otro lado y la dejaría fuera de la jugada. Era mejor estar cerca en estos momentos. Al menos así sabría lo que tenía planeado hacer y podría tratar de detenerlo si resultaba una locura.

A las once de la mañana la llamó Luis.

—¿Tienes algo?

—Estoy en eso.

—Chingao.

—No es tan fácil. Perdóname —repuso ella.

—Si esto se logra hacer, seguro tendremos los resultados hasta mañana.

—No entiendo.¿Y si resulta ser una pista falsa?

—No creo que lo sea —agregó él.

—Solo digo.

—No lo creo.

—Alguien tendrá que verificarlo —añadió ella.

—Quizá Pastrana.

—Ya no creo que sea buena idea involucrarlo.

—Me habías dicho lo contrario, Rossana.

—Ya no sé qué es lo mejor.

—No te entiendo, mujer.

—Estoy haciendo lo posible.

—Quizá yo pueda aclarar las fotos. Verificar el número de placa.

—Deja que lo haga yo. El jefe me sigue pidiendo que escriba esas notas estúpidas para darle color a la vida.

—¿Todavía?

—Mira el periódico de hoy y lo sabrás.

—Lo haré —dijo, y chasqueó la lengua.

—¿Qué tienes? —preguntó ella.

—Es que estás muy ocupada.

—Tengo miedo por ti, Luis. ¿Qué harás cuando sepas quién es el dueño del auto? —Luis no contestó.

—Dame la oportunidad de al menos verificar las placas —agregó Rossana.

—Muchas gracias —dijo Luis, y colgó.

—Chingao —dijo Rossana ¿Qué tanto tendría que contarle al agente Luna?

∿

La mamá de Luis Kuriaki dejó el libro que leía bocabajo y le dio un trago a su *whisky*. Miró la hora en la pantalla de su celular y se sorprendió de que apenas fueran a dar las doce del día.

El teléfono fijo sonó. Dejó el vaso y levantó el auricular.

—Buenos días —dijo.

—Hola —respondió la señora Carmen, la vecina de enfrente.

—Se oye muy acelerada.

—¿Es que no ha visto el periódico?

—No.

—Un payaso anda matando gente en la ciudad. Según dicen, incitó a un muchacho a matar a golpes a un homosexual cerca del río.

—No he leído nada.

—Estamos peor que los cangrejos.

—No diga eso, doña Carmen.

—Si lo lee no lo creerá.

—Mi hijo dice que dejemos de leer el periódico.

—¿Y Luisito cómo está?

—A veces me preocupa —dijo, y se percató de que sostenía el vaso de *whisky* en la mano. Le dio un trago, lo dejó de nuevo sobre la mesa de centro y miró por la ventana hacia la casa de doña Carmen—. Ahora mismo tengo que terminar un libro para mi club de lectura.

—¿De qué trata? —preguntó doña Carmen.

—Es sobre un hipnotista. Entraron en su casa y secuestraron a su hijo.

—Qué horror.

—Sí —contestó la mamá de Luis Kuriaki y se sorprendió de tener de nuevo el vaso en la mano. Le dijo a doña Carmen que luego la llamaba y colgó antes de escuchar la respuesta de su vecina.

Últimamente le sucedía: cuando caía en la cuenta ya se había servido un *whisky* y luego otro sin notarlo. Hacía un año, por la noche había ido a la casa de la novia de su exesposo para agredirla. Afortunadamente, la Muchacha, como la había bautizado, no se encontraba en casa. Y desde entonces a la fecha, a casi un año de aquel incidente, había tenido controlada la bebida. Claro, había mañanas en que necesitaba un par de tragos solo para levantarse de la cama, pero casi todos los días eran buenos y sobrios desde entonces.

La otra cosa que la mantenía cuerda era haber entrado a ese club de lectura. Leer la mantenía a raya. Se lo había dicho a su hijo, y casi siempre comentaba los libros por teléfono con su hija Gaby, que vivía en Canadá. Ella se encargaba de tranquilizarla y eso le gustaba. Sabía que no era bueno, pero era mejor que nada. Y luego, por supuesto, estaba su exmarido y aquel incidente con la novia, en el que en medio de la oscuridad de la noche había salido a arrojar piedras a la casa. Un día él la llamó y le dijo que necesitaban hablar.

Al principio ella se puso a la defensiva, pero se calmó cuando su ex le dijo que Luis le preocupaba. Por supuesto que le preocupaba, a ella también y a su hija igual.

—Me preocupa Luis —le dijo su ex y ella respiró con mayor ligereza. Y hablaron un poco y logró controlarse. En algún momento quiso decirle que regresara a casa, pero mejor apretó los labios y se quedó en silencio, pensando en un vaso pleno de *whisky*. Y él le hizo prometer que trataría de hablar con su hijo para convencerlo de que ambos hicieran las paces, porque Luis se negaba a dirigirle la palabra. Eso había sucedido hacía un año y las cosas entre ellos no se arreglaban ni un milímetro.

La mamá de Luis suspiró; apenas había comido con su hijo unos días atrás y a ella le pareció que él se veía distraído. Tanto como hacía un año cuando esa tal Rebeca, tan mayor como ella, se inmiscuyó en su vida. Luego había desaparecido y su hijo por un tiempo regresó a la normalidad. Ahora lo veía igual de distraído que entonces y el periódico publicaba estupideces de payasos asesinos y extraterrestres.

Se levantó, tomó de la mesa su vaso de *whisky*, fue hasta el fregadero y lo vació. Necesitaba terminar el libro para su sesión de esa tarde; necesitaba hablar con Luis y preguntarle si todo estaba bien porque presentía que algo iba a suceder, lo sentía en los huesos y esa sensación la alteraba.

Necesitaba que su hija la llamara y le dijera que se calmara, que tomara aire y respirara profundamente. Necesitaba odiar a su exesposo y a la puta de su noviecita. Se quedó mirando la tarja del fregadero, un hoyo oscuro y sin fin, y sonrió y supo que nada tendría sentido ese día si no se dejaba guiar por el libro del hipnotista que estaba por terminar, y un vaso, un vasito de *whisky*. ¡Dios, cómo lo necesitaba!

A las dos de la tarde Luis se acercó a las oficinas de *El Diario*. Antes de entrar sonó su celular; cuando vio que era el jefe de información ignoró la llamada. Llegó a la recepción donde Lupita le entregó un sobre amarillo.

—¿Y esto?

—Una tal Rosalba Gutiérrez vino. Dijo que sabrías qué hacer con él.

Luis tomó el sobre y lo abrió. Adentro estaba un manuscrito. Lo observó con detenimiento. Era una copia del engargolado que había tomado de la casa de su amiga muerta. Lo colocó de nuevo en el sobre y marcó el teléfono de Rossana, pero ella no respondió. Luis sonrió, se dio la vuelta, subió al auto y se fue al Recreo a tomar una cerveza.

～

Una vez más Pastrana se pasó la tarde de guardia en El Chamizal al lado de Luna.

La agente Romo pasó por tercera vez esa tarde cerca de ellos. Ahora le habían pedido que vistiera un escote amplio para hacer aún más notoria su presencia.

—Esto es una pérdida de tiempo —dijo Pastrana.

—¿Sabes qué pasó con el Zurdo Mendieta?

Pastrana resopló como respuesta.

—Para que se calmaran las aguas se fue a Los Ángeles. ¿Y qué crees que pasó allá?

Pastrana volteó la cabeza y lo miró.

—Pues levantaron a su hijo.

—Chingao —respondió Pastrana con voz ronca—. Y todo eso te lo cuenta Taverna.

—Es un buen detective Taverna.

—Y qué pasó con Mendieta.

—Pinche Zurdo.

Pastrana volvió a resoplar y desvió la mirada hacia afuera; algunos árboles mostraban ya unas cuantas hojas verdes.

Esa noche sería igual que las noches anteriores. No lograrían detener a nadie y Pastrana se iría a casa a mirar con detenimiento una vez más las notas y los indicios y las pistas sobre el paradero de su prima Margarita. Haría un poco de ejercicio. Se tomaría una jarra de café y esperaría la mañana mirando al sur por la ventana de su recámara.

∼

Después de reportarse en las oficinas del Semefo, mientras se dirigía al bar Club Quince, el agente Luna recibió una llamada de Rossana.

—Necesito de tu ayuda otra vez —le dijo ella.

—Ajá —respondió él en la luz roja de un semáforo de la avenida Jilotepec.

—Tengo unas fotos que necesito mejorar.

—Ajá —repitió Luna y esperó a que Rossana terminara su historia.

∼

A las tres de la mañana Kuriaki recibió una llamada de Rossana. Miraba la Vía Láctea por la ventana. Una mancha blanca y sucia sobre su cabeza.

—Más tarde tendremos la información.

—Pinche Rossana.

—Te lo aseguro.

—¿Por qué tardan tanto?

—Es complicado.

—Siempre es complicado, Rossana.

—Estoy haciendo lo posible.

Luis suspiro y le dijo que lo disculpara.

—Cuando la tengas ¿qué vas a hacer? Recuerda que quizá el auto haya sido robado.

Luis no contestó. Le dolía la cabeza y seguía borracho.

—No quiero que te pase nada.

—Esta vez será distinto, Ros —nunca la llamaba así.

—Nunca lo es.

—Ahora lo será.

—Bien.

—¿Bien?

—Si tú lo dices.

—Te oyes tan extraño.

—Me duele la cabeza.

—Trata de descansar.

Colgaron. Luis siguió mirando la Vía Láctea hasta que se le cerraron los ojos.

Soñó que caminaba por el centro de Ciudad Juárez y mientras caminaba sacaba una cajetilla de cigarros de su chamarra de mezclilla, tomaba uno y ofrecía el paquete a su acompañante al que, entre las sombras de las calles, no podía distinguir quién era. Iban rumbo al norte, hasta que se toparon con el Pasaje La Paz. Ahí, en medio de las sombras, su acompañante le pidió que continuaran. El lugar era deplorable. En medio del pasaje había puestos de tacos de hígado encebollado y buche y tortas de colita de pavo. El lugar olía a grasa y a salsa frita.

—Mira —dijo la sombra, y señaló una cantina de fachada blanca llamada La Pizca.

Ambos entraron y recorrieron el lugar hasta el fondo, donde un pasillo los llevaba a una puerta negra de metal. Luis se detuvo.

—Ven —dijo la sombra—, ya casi llegamos.

Luis miró hacia atrás.

—Ya es aquí.

Luis dio un paso al frente y se detuvo.

—No me dijiste que iba a ser aquí.

—Este lugar es como cualquier otro.

Por instinto se llevó la mano a su celular en uno de los bolsillos del pantalón, pero no lo tomó. *Lo peor ya fue*, pensó, y se le vino a la mente aquella golpiza que había dado hacía años, en la que casi mata a su contrincante.

—Ven —repitió la sombra—, ya es el último tramo.

¿En dónde estaría el agente Julio Pastrana en ese momento? ¿Si se metía en problemas, podría llamarlo? ¿Tendría tiempo de hacerlo? Y si lo hacía, ¿Pastrana iría en su ayuda?

—Chingao —masculló, y encendió otro cigarro y avanzó de nuevo.

El pasillo era largo y al final una luz alumbraba el quicio de una puerta.

Se detuvo de golpe.

—Ya casi llegas.

—No.

—Ven.

—¿Ahí está ella?

—Sí.

—No quiero verla.

—Ella pide que termines con esto —dijo la sombra, y lo tomó de la muñeca.

Entonces Luis abrió los ojos, asustado.

Sintió que alguien o algo se movía al lado de la puerta de la recámara.

"¿Verónica?", preguntó. Se le aceleró el corazón y de prisa alargó la mano hasta la lámpara y la encendió.

Ahí no había nadie.

De manera automática levantó la redoma del suelo solo para comprobar que estaba vacía.

~

Mientras Luis Kuriaki soñaba con Verónica Mancera, Rossana y el mago Bazán iban rumbo al sur de la ciudad.

—Esto es un pendejada —dijo Bazán sin despegar los ojos del camino.

—Necesito estar segura de algo.

—¿Es que no me puedes contar más?

—Si te cuento tendré que matarte.

—Eres muy rara.

—Sí.

Pasaron el aeropuerto. Una patrulla con las torretas encendidas los alcanzó y Rossana les mostró, a través de la ventanilla, su credencial de periodista. La patrulla disminuyó la velocidad y se quedó atrás.

Minutos después, Rossana dijo: "Aquí a la izquierda", y el mago Bazán tomó ese rumbo. La ciudad estaba vacía en aquella parte. Un kilómetro más allá, por la carretera hacia Casas Grandes, apenas transitaban autos. Al fondo destellaban tristes las luces de los fraccionamientos recién construidos. Después comenzaba el desierto color azabache.

El mago Bazán detuvo el auto.

—¿Qué haces? —preguntó ella.

—Necesito saber adónde vamos.

—Prometiste ayudarme.

—Sí.

—Pues sí.

—No me moveré hasta que me expliques qué hacemos aquí.

Rossana miró hacia los lados. La mayoría de las casas que los rodeaban estaban vacías. Unas parecían abandonadas. Suspiró.

—No es seguro estar aquí —dijo finalmente.

—Pues entonces cuéntame.

—Pinche mago —dijo, y suspiró otra vez—. ¿Recuerdas la foto del Jetta?

—Sí.

—Pues según un amigo vive por aquí.

—¿Vienes a entrevistarlo?

—Pinche mago.

Bazán se encogió de hombros.

—Necesitamos estar seguros del auto. Solo eso. Luego nos iremos a casa.

—¿Eso es todo?

—Sí.

El mago giró la llave y el motor se encendió.

Avanzaron por las calles guiados por el GPS de Rossana, hasta dar con la dirección que buscaban.

—Aquí —dijo Rossana, y el auto se detuvo y el motor se apagó. La casa estaba a unos cien metros de distancia. Un solo piso. Jardín de tierra. Fachada descarapelada en blanco sucio. A oscuras. No había auto en la cochera.

—Chingao —dijo ella.

La información que había obtenido de Luna no serviría de nada si no podían confirmar la existencia del Jetta.

—¿Qué hacemos?

—Esperar.

Con el auto apagado, Rossana comenzó a sentir frío. Unos minutos después la bocina del tren se escuchó en la distancia. Sobre la casa que vigilaban la Vía Láctea era un manchón frío de luz terrosa.

—Me encanta el cielo de Juárez, siempre tan despejado. Una vez vi un platillo volador.

—Yo dos —dijo el mago, mirando la bóveda de un lado a otro como buscando algo.

—Bien.

Se oyeron perros ladrar en la lejanía.

—El platillo que vi era cuadrado —agregó ella—. Tenía diez años, íbamos rumbo al Valle a preparar una carne asada. Ahora el Valle es un desastre.

"La última vez que estuve ahí fue cuando estaba en la preparatoria. Nos fuimos para allá con un par de cartones y a mitad de la fiesta llegó la policía; nos pidió mordida para que siguiéramos. Nadie, excepto el Flaco, un amigo que ahora vive en El Paso, era mayor de edad".

—El platillo que yo vi era muy grande, al menos así lo recuerdo, pero de eso ya hace mucho. No sé en verdad qué tanto estoy inventando ahora.

—Mi prima Estela y yo vimos uno rumbo a Los Ángeles. El platillo apareció tras las montañas mientras anochecía. No hay nada más. Me da miedo preguntarle a mi prima si lo recuerda.

—¿Por qué?

—Tengo miedo de que me diga que no. Si es así puedo asumir que fue un sueño.

Se quedaron callados un rato mirando el cielo hasta que el frío los caló a ambos.

—No viene nadie —dijo Rossana.

—¿Entonces, qué hacemos?

—Mañana regresamos, ínguesu.

—Está bien.

Justo cuando iban a encender el auto, apareció una luz detrás de ellos.

—Espera —dijo Rossana, y tomó la mano del mago que ya estaba en el contacto.

Cuando pasaba el auto, él dijo: —Sí.

—¿Sí qué?

—Ese es el Jetta de las fotos.

—¿Puedes ver al conductor?

—Es el mismo que vi hace unos días.

—Chingao —dijo Rossana.

—¿Qué sucede? —preguntó el mago.

—No sucede nada, maguito —respondió Rossana—. Algo no me cuadra —agregó. Le comenzaron a castañetear los dientes—. Tengo frío —dijo.

—Tengo sueño —respondió el mago. Se pasó la mano por los labios varias veces y luego se miró los dedos.

—Sí —dijo ella.

Esperaron a que el hombre estacionara el auto, bajara y entrara en su casa.

—Creo que es el de la nariz chueca —dijo Bazán. Luego giró el encendido. El motor reaccionó y regresaron.

～

Alrededor de las dos de la mañana el agente Mariano Leyva, luego de verificar una vez más algunos datos relacionados con el supuesto asesinato de Javier Solís con un compañero de la policía en el estado de Nayarit, se preparó un mate y se lo bebió en su recámara releyendo la biografía del cantante. El verdadero nombre de Javier Solís era Gabriel Siria y tenía dos hermanos. Había muerto a las cinco cuarenta y seis de la mañana del diecinueve de abril de mil novecientos sesenta y seis. Lo encontró la enfermera en turno, Micaela Sánchez. Un ramo de flores frescas descansaba en su regazo. Leyva se quedó dormido a los diez minutos. Esa noche soñó que se bebía una cerveza en el Club 15, una cantina del centro, y mientras empinaba el codo reconoció unos asientos más allá a Javier Solís bebiendo un vodka tonic.

Cuando el agente Leyva lo reconoció se acercó a él y le dijo que era un gran admirador suyo.

—Gracias, qué va —le respondió el cantante, y le palmeó la espalda.

Entonces el agente Leyva se acercó todo lo que pudo y en voz baja, como contando un secreto, le confesó que ya casi resolvía el enigma de su muerte.

Javier Solís abrió mucho los ojos sorprendido por la noticia. —Eso me pone feliz, muchacho, qué va, podría saltar de felicidad.

—La vida es impresionante, ¿verdad?

—Qué va —respondió el cantante.

—Qué va —repitió Leyva, y brindaron.

Luego Javier fue quien se le acercó y en voz baja le dijo: —Yo sé quién fue —y le guiñó un ojo.

—¿Quién? —preguntó Leyva atragantándose.

Justo cuando Javier abría la boca para responder, alguien abrió la puerta de la cantina y ambos miraron hacia la entrada, pero no vieron nada porque una luz blanca muy intensa los cegó.

Leyva abrió los ojos en medio de la oscuridad y miró el reloj. Las tres de la mañana con diez minutos. "Chingao", dijo, y bostezó. "Quién será", agregó, y se volvió a quedar dormido viendo los números rojos del despertador.

Esa noche se reportaron dos muertos y un herido sobre la calle Tarascos, a un lado del mercado Fernando Baeza, en la colonia Electricistas. Estaban por determinar si el herido había dado muerte a los otros dos o había tratado de impedir la pelea entre ellos. El lesionado se llamaba Gabriel Soriano y presentaba una herida de bala calibre 22 que había entrado por el costado derecho hasta salir por el costado izquierdo. La bala había hecho el recorrido sin tocar milagrosamente ningún órgano.

El celular de Pastrana sonó a las diez de la mañana mientras iba rumbo al Semefo.

Tomó el aparato.

—Diga.

—Soy Luis Kuriaki —dijo la voz del otro lado de la línea, y Pastrana colgó de inmediato.

El teléfono volvió a sonar.

Orilló el auto y miró la pantalla. Siete timbrazos después el teléfono dejó de sonar.

Miró la calle. Casas entre rejas. Demasiadas casas, la mayoría en tonos claros, algunas en verdes fuertes y vivaces, como en Xalapa. Cerró los ojos y vio el intenso color de los árboles del sur casi fosforescentes en su mente. ¿Eran así? Ya no lo recordaba. Puso el auto en marcha y continuó su camino.

Alrededor de las dos de la tarde, mientras revisaba unos papeles en su escritorio, su teléfono comenzó a sonar; miró la pantalla hasta que al noveno timbrazo dejó de sonar, solo para comenzar de nuevo.

—¿Vas a contestar? —preguntó Luna, que pasaba por ahí. Pastrana le sostuvo la mirada en forma de respuesta. Luna levantó las manos mostrando las palmas y se alejó.

Durante la comida, mientras platicaba con Victoria Aguilera sobre el violador en serie y su paradero, el teléfono volvió a sonar. Nuevamente Pastrana miró la pantalla hasta que dejó de sonar.

—¿Quién te llama?

Pastrana movió la cabeza, hizo a un lado el celular y miró el rostro de Victoria. Los ojos grandes y oscuros, la nariz recta. Los labios gruesos. Su mano enorme e hinchada le acarició la mejilla.

Durante la guardia en el Parque El Chamizal, esperando atrapar al violador serial, una vez más el teléfono timbró. El sonido era ronco, tanto como la voz de Pastrana.

La agente Romo pasó trotando a un lado del auto. Ahora llevaba debajo de los mallones unas bragas rosa, llamativas como luces.

—¿Por qué no contestas?

—Es Kuriaki.

—¿El periodista?

Pastrana asintió con la cabeza.

—¿Qué quiere?

—¿Cómo está el Zurdo Mendieta? —preguntó Pastrana con un tono neutro, tratando de desviar la conversación.

—¿Me preguntas?

Pastrana volvió a asentir con la cabeza.

—De regreso en Culiacán, casi libre de todo cargo. Taverna dice que todo estará bien.

Pastrana resopló.

A las dos de la mañana, mientras estaba por terminarse una jarra de café en casa revisando las pistas de la desaparición de su prima Margarita, el teléfono volvió a sonar.

Esta vez resignado, levantó el auricular.

—Diga.

—Necesito su ayuda.

—Necesitas mi ayuda —dijo el agente Pastrana. Voz ronca y sin ningún tipo de inflexión.

—Es importante —agregó Luis, y Pastrana colgó.

El agente se alejó del pizarrón para mirar por la ventana la larga noche sobre el parque de beisbol que tenía enfrente. Solitario y seco. Los reflectores fundidos, excepto por un haz de luz sobre la primera base. Había una bruma ligera dispersa por todo el sitio.

El teléfono volvió a sonar. Bufó y respondió.

—Al menos escuche lo que tengo que decirle —dijo Luis Kuriaki.

Pastrana volvió a colgar.

El parque le parecía de alguna manera inmaculado. Dormido.

El celular sonó de nuevo.

—Dime —dijo Pastrana con cansancio.

—Le interesará esto.

Justo cuando iba a cortar la comunicación por tercera vez, Luis Kuriaki mencionó la palabra *mujer*.

—Mujer —dijo en voz alta Pastrana para estar seguro de lo que había escuchado.

—Sí.

—Y.

—¿Me pregunta?

—Sí.

—Es… fue una amiga.

—Y —repitió Pastrana.

—Es complicado.

—Kuriaki, por favor —dijo Pastrana. Se acercó a la ventana y tomó aire. Afuera, justo en ese momento un perro dálmata cruzó hacia la segunda base, olisqueó el suelo de tierra, escarbó un poco y luego se fue.

—A mi amiga la mataron a golpes —dijo por fin Kuriaki.

—No entiendo —contestó Pastrana. Pero entendía, y se descubrió apretando el celular hasta que escuchó un leve crujido.

Kuriaki le contó con detalle los hechos relacionados con la muerte de Verónica Mancera. Le habló del cuerpo retorcido en el suelo. Le habló de las fotos que mostraban el auto sospechoso y la dirección que había obtenido gracias a Rossana Rodríguez. Le contó del agente Gándara.

—Gándara —gruñó Pastrana.

—Tal vez por Gándara es que no sabía nada —completó Kuriaki.

Ambos guardaron silencio un segundo. Luego Pastrana dijo: —¿Y qué quieres que haga, Kuriaki?

—Pensaba que podría ayudarme a resolver esto.

—¿Cómo piensas que pueda hacerlo?

—Interrogando al dueño del Jetta. Según el informe que tengo se llama Daniel González.

—Estás borracho —agregó el agente y Kuriaki carraspeó—. ¿Quieres que lo interrogue o quieres que lo *interrogue*? —inquirió Pastrana acentuando la última palabra.

—Si el tipo estuvo involucrado en la muerte de Verónica, quiero que pague —respondió de golpe Kuriaki.

—Que pague.

—Sí.

—Con la cárcel —dijo Pastrana.

Kuriaki guardó silencio a manera de respuesta.

—Soy policía, Kuriaki.

—Sabemos lo que somos.

Pastrana contempló la idea. Pegó la mano hinchada al vidrio. El fresco era de alguna manera reconfortante.

—Yo sé quién eres, Kuriaki.

—Y yo sé bien lo que somos —repitió el joven.

Pastrana despegó la mano del vidrio.

—Qué tanto sabe el dueño del Jetta sobre tu amiga.

—Demasiado.

—¿Estás seguro?

—Es una corazonada —dijo Kuriaki, y se aclaró la garganta.

—Deja averiguo.

—¿Le puedo hacer una pregunta?

Pastrana guardó silencio.

—¿Qué pasará con el agente Gándara?

Pastrana colgó el teléfono. Buscó en el directorio de su celular el teléfono del agente Gándara. Cuando lo encontró lo observó hasta que la pantalla se tornó negra.

"Chingao", gruñó. Decidió irse a dormir. Recargar pilas. Antes de enfilarse a su recámara, vio que la bruma en el parque era más espesa.

"Chingao", volvió a gruñir, como si tuviera un mal presentimiento.

~

Esa noche, antes de llegar a casa el agente Gándara se bajó en un puesto de tacos de carne asada sobre la curva Morfín.

Se acercó al taquero, le pidió una orden de tacos y le guiñó el ojo.

El taquero, dijo que sí, y mientras rellenaba las tortillas con carne le dijo que la cuota era demasiado alta.

—No soy yo, Santi, en verdad.

—Es que ya no puedo.

—Sí puedes, Santi.

El taquero le pasó la orden, se limpió la mano, sacó un sobre y se lo entregó.

Gándara se comió el taco que tenía en la mano, alcanzó el sobre y lo metió en uno de los bolsillos internos de la chamarra. —Te diré lo que haremos: una vez más y listo. Hablaré con ellos y te dejarán en paz.

—¿Y si me pasa lo mismo que al Güero?

—El Güero era un pendejo, se quiso pasar de lanza y las cosas no son así. —Luego el agente tomó otro taco y en dos mordidas se lo terminó. Miró al suelo como pensando lo que iba a decir y agregó—: Haremos lo siguiente: los ayudas una vez más y yo hablo con esos batos; si no quieren, yo mismo me llevo la mierda para otro lado.

—Pinche Gándara.

—Te lo aseguro. Una vez más y lo arreglo. ¿Cómo están Isa y las niñas?

—Tengo miedo, olvida lo que dije.

—No, Santi, en verdad será la última vez.

—¿Y si me encuentran entambado? Gándara sonrió. —Así no es la cosa.

—Siempre te he sido fiel, Gándara.

—Por eso te lo digo. Yo no te miento. Una más y ya. En serio que si me ves de nuevo será solo para comprarte unos tacos.

—Nos conocemos desde hace quince años, Gándara.

El agente tomó otro taco y movió la cabeza.

—Por eso mismo, Santi, a otra cosa mariposa.

—¿Quieres otra orden?

—Claro que sí —respondió Gándara, y le extendió el plato.

Sobre la curva Morfín apenas si circulaban autos a esa hora de la noche.

—Ya viene el calor —comentó el taquero.

—Primero son los aires, Santi. Luego el calor. Mi madre me cuenta que una vez nevó a principios de abril. Era una niña y la nieve le llegaba hasta la rodillas.

—Pero ya son otros tiempos.

—Ya nos chingamos al mundo.

—Primero nos vamos nosotros que el mundo.

—Para eso falta mucho tiempo —dijo Gándara, y recibió la otra orden de tacos. Se los comió mirando la avenida solitaria. Al terminar tomó una servilleta, se limpió la boca, pagó y se despidió—. Entonces mañana te traigo esa chingadera.

—Las veces que quieras.

—Pinche Santi —le respondió Gándara antes de subirse a su auto. Lo iba a ayudar. Trataría de convencer a sus *patrones* para que lo dejaran en paz. Al cabo ya tenía en la mira a alguien más diestro para hacerla de *pushador*. Sonrió y giró la llave y el motor despertó de golpe. "Me siento bien", dijo en voz baja y arrancó.

~

Rossana llegó a la oficina del jefe de información a las doce de la noche y tomó asiento.

—Dime.

—¿Cómo estás?

—Estoy.

—¿Cómo está Luis?¿Lo has visto?

—No.

El jefe de información tamborileó los dedos sobre el escritorio y de un cajón sacó una bolsa de plástico transparente.

—¿Quieres uno? Los compré en el Crisóstomo. Traigo de chicharrón y barbacoa.

—Preferiría una hamburguesa del Río Rosas.

—¿Todavía existe ese lugar? Si quieres mando pedir una.

—No sé si exista, pero hace poco soñé que me comía una y desde entonces traigo el antojo.

—Me preocupa Luis.

—A mí no.

—Me han gustado mucho las últimas notas que has escrito.

—Si quieres ver sangre ya sabes con quién puedes contar —dijo Rossana, y sonrió.

—¿Tienes la nota para mañana? —preguntó el jefe de información mientras sacaba de la bolsa un burrito y lo desenvolvía. La oficina se llenó de olor a tomate cocido.

—Un velador se vuelve loco dentro de un motel y termina incendiando el lugar y muere. Su esposa y su hijo se salvan apenas.

El jefe de información frunció el ceño.

—Esa me suena —dijo.

—Sí.

—¿Es la del perro con rabia?

—No, la del perro con rabia será para el fin de semana.

—Excelente. ¿Sabes si Luis regresará el cheque?

—No me ha dicho.

—Le tienes mucha fe.

—Digamos que lo conozco.

El jefe de información se retrepó en el asiento.

—Si yo fuera él tomaría el dinero, pero pienso que terminará rompiendo el cheque y justo ahí aparecerán los pedazos en los próximos días —dijo señalando el extremo derecho del escritorio.

Rossana se puso de pie.

—Quisiera terminar la nota antes de la una.

—Sí —respondió el jefe de información y volvió a darle una mordida a su burrito—. En cuanto veas a Luis, dile por favor que necesito su respuesta.

Rossana dijo que lo haría, se despidió y salió.

"Pinche Luis, ¿en dónde estás?", murmuró, y a medio pasillo se detuvo. La respiración se le aceleró y el ambiente empezó a tornarse rojo.

"No", se dijo, y miró a los lados y se mordió los labios. Comenzó a caminar al baño y se detuvo.

"Chingao", murmuró, y se imaginó la nota del velador, el incendio, su esposa Wendy, su hijo Daniel, que necesitaba terminar. Avanzó de nuevo y pasó de largo por la puerta del baño hasta su cubículo.

El velador se llamaba Juan, y según su esposa era alcohólico —aunque tenía más de dos meses sobrio—, pero su mal humor crecía conforme pasaban los días. La última noche incendió el motel no sin antes tratar de matarlos a ella y a su hijo.

Rossana sonrió cuando puso el punto final a la nota y la envió al editor. Se levantó de la silla y con orgullo pasó de largo por la puerta del baño hasta la máquina expendedora en medio del pasillo. Al fondo, Morena levantó la mano a manera de saludo. Estaba por irse a casa.

~

Esa noche Alfredo Heredia, un obrero de la maquiladora Lear que se dedicaba a la fabricación de coberturas para asientos de auto, durante el camino a casa decidió orinar en un baldío de la calle Indio Gerónimo. Al adentrarse en él, entre los yerbajos uno de sus pies dio con el cuerpo de un hombre que al principio creyó dormido. Primero le chistó y luego lo alumbró con el celular. Tenía los ojos grises y opacos. Lo miró con detenimiento. Al entender lo que veía optó por irse.

Ya en medio de la oscuridad de su recámara le dijo a su esposa, Claudia Gutiérrez, que parecía como si el pecho del muerto subiera y bajara.

—Quizá seguía vivo.

—La mente hace ese truco.

—En serio.

"Es la mente", repitió Alfredo Heredia antes de quedarse dormido.

El cuerpo lo encontraría la policía al día siguiente, cerca de las cuatro de la tarde, gracias a que unos niños jugaban futbol cerca.

Luis se despertó a las seis de la mañana. Apenas había dormido. La boca tenía un regusto amargo. Se pasó las manos por el cabello pensando en Verónica Mancera. Llamó a Rossana.

—Esto ya casi termina —le dijo en cuanto ella contestó.

—Me asustas, Luis.

—Al final hice lo que me pediste, llamé a Pastrana.

—Eso fue al principio.

—Lo llamé, le platiqué de Verónica Mancera y Daniel González.

—Espero no arrepentirme por ayudarte.

—No pasará nada, Ros.

—No me gusta que me llames así. Me pregunta el jefe si vas a aceptar o rechazar el dinero.

—No sé.

—Te invito a almorzar.

—Necesito estar alerta —dijo, bajó a la cocina, abrió el refrigerador y destapó una Corona.

—¿Qué fue ese ruido?

—Me voy a tomar una agua mineral.

—Pinche Luis.

—Pinche Rossana.

—¿Entonces nos vemos más tarde?

—Sí.

~

Esa mañana, mientras leía el periódico, la mamá de Luis Kuriaki se topó con la nota del velador Juan Torres muerto en un incendio que él mismo había provocado. De inmediato llamó a su vecina.

—Esta sí que no me la creo —le dijo Carmen.

—¿Y eso?

—Me suena a que sucedió en otro lado, quizá estén copiando las notas de otros periódicos.

—Por favor, Carmelita, cómo cree.

—Estoy segura de que ya leí esto antes.

—¿Está diciendo que mi hijo copia las notas?

—Esta no la escribió Luisito.

—Él me ha dicho que no crea todo lo que leo.

—¿Qué le puedo decir?

—Pobre hombre.

—Pero es que me suena falsa.

—Imagínese, morir calcinado….

—Le digo que no crea nada de esto.

—Solo de pensar en la agonía…

—Eso sí.

—¿Cómo está usted?

—Pues más vieja. Me duelen las coyunturas, creo que tengo artritis.

—Lo bueno es que ya viene el calor.

—Eso es lo bueno.

—Voy a pedir comida china, ¿quiere venir a mi casa?

—Muchas gracias.

—¿Entonces viene a la una?

—Ahí estaré.

—Gracias Carmelita.

~

Luis Kuriaki, luego de terminarse la Corona, marcó el teléfono del agente Pastrana. El número estaba fuera del área de servicio. Le dolía la cabeza.

"Pinche cabrón", dijo, y volvió a llamar sin ninguna suerte. Se contuvo de lanzar el teléfono contra la pared. Miró por la ventana el cielo amplio y sin ninguna nube.

Lo masticó un segundo y llamó a Morena.

—Pinche Luis —dijo el fotógrafo en cuanto levantó el auricular.

—Necesito de tu ayuda, Morena.

—No mames, pinche Luis.

—Solo necesito saber en dónde se encuentra el agente Pastrana.

—No mames.

—No le quiero preguntar a Rossana.

—Estás cabrón, pinche Luis.

—Si no es ella eres tú el que todo lo sabe.

—No mames.

—Gracias, Morena, te debo unas birrias.

—Chingao, pinche Luis.

—Está bien, una botella de *whisky* —agregó Luis, y colgaron.

Luis se preparó un sándwich de jamón de pavo y se bebió otra cerveza. Llamó a Raymundo.

—¿Qué me cuentas? —le preguntó Raymundo.

—La verdad no sé si quiero terminar con esto solo para sacarme a Verónica de la cabeza.

—Te oyes borracho.

—Tengo pesadillas —le dijo Luis mirando la hora en su reloj. Se tronó los dedos. Hablaron un poco más y colgaron.

Iba a llamar a Morena pero se contuvo, tenía que darle tiempo. De pronto se dio cuenta de que estaba en su recámara buscando en el buró la bolsita de cocaína. Se detuvo y puso los brazos en jarras.

"¿Estás ahí?", preguntó. Cerró de golpe el cajón del buró, bajó las escaleras y abrió una cerveza más.

A la mitad de la botella dijo: "Y yo qué chingados", y se bebió de golpe lo que restaba, buscó la dirección de Daniel González en la información que le había dado Rossana y la tecleó en el GPS de su celular. Según el tráfico se encontraba a dos horas de ahí. Fue hasta el garaje, donde encontró una cruceta galvanizada en una caja de cartón y la blandió un par de veces en el aire.

Al subirse al auto, recibió un mensaje de texto de Morena:

"Pinche Luis, Pastrana se encuentra en El Chamizal".

"Gracias", tecleó Luis y no esperó la respuesta. Lanzó el celular al asiento del copiloto y colocó la cruceta en el piso del auto.

"Esto cambia la cosa", murmuró. ¿Pero en verdad la cambiaba? El cielo seguía despejado, sin una nube. Aunque por las noches se notaran relámpagos a lo lejos y se apreciara un olor a tierra mojada, cuando la mañana llegaba todo seguía igual. Los mismos autos recorriendo las mismas avenidas, los mismos edificios resquebrajados por el tiempo o el balazo, los muertos y las sombras de siempre.

Luis encendió el auto y comenzó a seguir la ruta que le indicaba el GPS para llegar a la casa de Daniel González. Anduvo unos kilómetros y luego, sobre la calle Vicente Guerrero dijo: "Qué más da", y de un volantazo dio vuelta en U con dirección al Parque El Chamizal.

~

La agente Romo pasó trotando al lado de Pastrana. Como el tiempo se prestaba para ello, la policía vestía un pantalón corto negro. La ropa interior rosa se translucía.

—Así no vamos a atrapar a nadie —comentó Álvaro Luna de brazos cruzados tras el volante —es demasiado obvio.

La respiración de Pastrana, a diferencia de otras veces, se escuchaba pesada.

En un momento Luna agregó mirando por el retrovisor: —Este cabrón de Kuriaki.

—Tiene ahí desde que llegamos— dijo Pastrana sin despegar la mirada de enfrente.

—Ahora verá. No quiero que nos llame la atención Martínez por su culpa —dijo Luna con la mano en la manija.

—No está aquí por el violador.

—¿Y cómo nos encontró?

—Quiere que lo ayude con algo.

Luna soltó la manija y se rascó la barbilla.

—¿Qué se traen? —preguntó más para sí, mirando fijamente el panel del auto.

—Quiere ayuda.

—¿Ayuda con qué?

Pastrana bufó y miró hacia afuera. El Parque El Chamizal estaba desolado, calvo y terroso. Después de años de vivir en Juárez aún no entendía cómo podían crecer pasto y árboles en esa ciudad.

—No importa —dijo.

—Y te estás prestando a eso.

—Revisé la información que me dio. Gándara está involucrado.

Luna frunció el ceño.

—Dime más.

—No hay más.

—Por favor, Pastrana.

—Si te necesito te llamaré.

—Pero nunca me has necesitado. Mírate la mano.

Pastrana abrió y cerró la mano inflamada.

—Chingao —exclamó Álvaro Luna. ¿Cómo manejaría una situación similar Johnny Knoxville?—. ¿Gándara? —preguntó como si le preguntara al aire, y se quedó callado.

∾

A las diez de la noche, afuera de la casa de Sonia Torres, Álvaro Luna la llamó.

—¿Cómo se encuentra hoy?

—Las pesadillas no acaban.

Luna se aclaró la garganta.

—Te quisiera invitar un trago uno de estos días.

—¿A mí?

—Sí.

—¿Está coqueteando conmigo, agente?

—Sí —respondió Luna, y se hizo un silencio en la línea. Luego de un rato Sonia Torres agregó:

—¿Cuándo?

El agente se pasó una mano por el cabello engominado.

—Te invito a un bar sobre la Tomás Fernández.

—No sé si pueda salir ya.

—Un par de tragos.

—Deja lo pienso.

—El tiempo que necesites.

—¿En dónde estás ahora?

—Reviso unos papeles en la oficina.

—Que tengas buena noche.

—Trata de descansar.

—Lo intentaré —dijo Sonia Torres, y se cortó la comunicación.

Luna encendió el auto y fue hasta el Semefo. Entre los archivos y notas que tenía en su escritorio reconoció un fólder amarillo. Lo abrió y lo leyó.

"Pinche Gándara", dijo Luna al comparar las notas que había compartido con Rossana con lo que había dicho Pastrana por la tarde. "¿Qué hago?", se preguntó en voz alta y miró a su alrededor. Desde ahí la oficina del teniente Martínez se veía oscura.

Llamó a Rossana para entender bien lo que estaba sucediendo.

—Rossana, me la hiciste —dijo en cuanto ella respondió.

—¿Qué hice?

—La información de Daniel González, el tipo del Jetta, era para Kuriaki.

—Si no era para él, hubiera sido para alguien más, ¿cuál es el problema?

—Eso me lo tendrás que decir tú.

—Explícate.

—Verónica Mancera era amiga de Kuriaki.

—Ajá.

—¿Ajá?

—Sí, ajá.

—Rossana, esos dos juntos son peligrosos.

—La policía sola es peligrosa.

—¿Qué crees que se traigan entre manos?

—Si puedes, intenta detenerlos.

—Qué cabrón está todo.

—Tengo que irme.

—Yo igual.

—Nos hablamos —dijo Rossana, y colgaron.

El agente Luna se quedó inmóvil en la oscuridad sopesando qué hacer.

Mientras, una cerveza, pensó. Tomó las llaves de su auto y salió con la idea de tomarse una cerveza en el Yankees, una cantina sobre la avenida Juárez, al otro extremo de la ciudad, pero lo que quería era que se hiciera tarde, dejar que el tiempo lo ayudara a decidir qué hacer.

~

Julio Pastrana se apeó del auto y miró la calle vacía; se acercó al auto de Kuriaki que estaba apenas a unos metros del suyo. Eran las once de la noche, la mejor hora para que las sombras cubrieran sus pasos.

—Ahora regreso.

—Voy con usted.

—Si lo intentas, te arresto.

—Bajo qué cargo.

—No jodas —respondió Pastrana con voz ronca, las manos en los bolsillos de la chamarra de piel. El cuello blanco de la camisa abotonado.

Unas horas atrás, después de retirarse del Parque El Chamizal, Pastrana fue a cenar unas flautas a El Cometa. Desde su mesa vio el auto de Kuriaki estacionado en la calle de enfrente y al periodista adentro. Luego de cenar fue a la colonia El Futuro, a la casa de Alejandra Salazar. Apagó el motor del auto frente al parque donde hacía unos días había detenido una pelea, mientras el periodista se estacionaba detrás de él. Así estuvo un rato y luego manejó hasta la casa de Victoria Aguilera en el Fraccionamiento Campos Elíseos. Kuriaki detuvo el auto cerca del suyo, sacó la redoma de metal, bebió y esperó. Así pasó una hora completa hasta que dijo "Ni madres", y justo cuando iba a encender el auto, Pastrana salió de la casa y se subió a su auto y lo arrancó. Las luces traseras se iluminaron un segundo.

"Ahora sí", se dijo Kuriaki, y mientras lo seguía se enteró de que iba a casa de Daniel González.

Estaban a un par de cuadras de su casa.

Luis Kuriaki y Pastrana chocaron sus miradas. El semblante del agente, con los lentes negros puestos, se impuso. Kuriaki entendió. Levantó las manos en forma de rendición y agachó la mirada.

~

El agente Pastrana caminó una cuadra y cruzó un terreno baldío. Había un par de llantas abandonadas al centro, como si fueran parte de algún juego para los niños del barrio. Al fondo el cerro Bola estaba iluminado por balizas rojas. Avanzó una cuadra más hasta dar con el número 2036. Oteó hacia ambos lados de la calle y se acercó a la puerta, giró la perilla que le indicó que podía pasar y sonrió apenas.

En la entrada se encontró con un sillón rojo. La televisión estaba encendida en la recámara. Con cautela cerró la puerta y puso el seguro. A paso firme se enfiló a la recámara, donde se escuchaba la televisión.

Al verlo, un hombre delgado con nariz chueca y cabello chino se levantó de la cama. "Qué pasa aquí", dijo, y le lanzó la taza de café que llevaba en la mano derecha. Pastrana la esquivó, pero algo del líquido le cayó en el rostro. Si el café lo quemó, el hombre no se dio cuenta. Se puso en guardia y lanzó un golpe al rostro del agente que este detuvo con el antebrazo y le colocó un gancho al hígado. Lo que sintió fue como golpear concreto. Pastrana retrocedió apenas y bufó.

—Tengo más —dijo el hombre.

El agente sonrió y levantó las puños.

—Ven —gruñó.

El hombre le lanzó nuevamente un golpe al rostro. Pastrana entendió. Detuvo el ataque y se acercó demasiado, como si fuera un tráiler, y con el puño libre golpeó el estómago del contrincante. Un solo golpe seco y preciso. El hombre cayó al suelo y se desmayó. Cuando despertó se encontraba en una silla con las manos atadas por detrás.

—Soy judicial —gruñó Pastrana.

—Ya.

Pastrana, a pesar de medir apenas un metro con setenta, se veía muy alto. Y los lentes negros le daban un aspecto aún más aterrador.

—¿Quiere dinero?

Pastrana dio un paso al frente, luego un paso hacia atrás, y en un movimiento de cabeza se tronó el cuello y los dedos de las manos.

—Tengo dinero —dijo el hombre.

—Aquí no tienes tanto —respondió Pastrana—. Está limpio, ni siquiera hay estos diez mil pesos que tengo a mi lado.

El hombre tragó saliva.

—No lo entiendo.

—Yo creo que sí —dijo, y metió una mano a las bolsas de la chamarra de cuero y sacó unos guantes de piel.

—¿Quién es usted?

—Ya te lo dije.

—No le tengo miedo.

—Se supone que tú eres uno de los malos —completó Pastrana mientras se calaba los guantes de piel.

El hombre tragó saliva. Una saliva espesa, amargosa y con sabor a sangre.

—Tú estuviste ahí —dijo Pastrana.

—¿Qué dice?

Pastrana se llevó un dedo a la boca y le pidió que callara. Miró a su alrededor. Las casas otorgadas por Infonavit cada vez era más pequeñas. Una sola recámara, sala-comedor y un baño al fondo, que era mucho decir, porque se encontraba a un lado de la cocina. El patio era de tierra suelta. Ya no había divisiones entre las casas y la que estaba justo enfrente del patio tenía las luces encendidas. Un par de jóvenes miraban la televisión.

—Con ella —respondió Pastrana.

—¿Con quién?

—Estoy cansado, eso es lo que pasa —dijo el agente—. He hecho esto demasiadas veces y creo que es suficiente. Hoy estaba a punto de llegar a casa cuando recordé que tenía que venir a visitarte. Un amigo me pidió ayuda y aquí estoy y lo que va a suceder está mal. Me siento cansado y por un momento olvidé que tenía que venir. Entiendes lo que quiero decir, ¿verdad?

—¿Por qué me cuenta todo esto?

—Creo que lo sabes.

—¿A qué se refiere?

—No es la primera vez que nos vemos, tú allí y yo acá, quizá hasta en algún momento estuviste donde ahora estoy yo.

—Chingao.

—Debiste deshacerte del auto. Pero creo que te sentiste seguro con Gándara.

El hombre por primera vez guardó silencio.

Pastrana dio un paso atrás. El lugar olía a masa frita y chile colorado.

—Pero bueno, negocios son negocios —dijo Pastrana desperezándose. Tomó una silla y se sentó frente al hombre.

—Tú estuviste ahí, ese día, con Verónica Mancera.

El hombre abrió los ojos muy grandes.

—Yo no hice nada.

—Contusión cerebral y el ojo derecho colgando. Daniel González negó con la cabeza.

—Se suponía que tenía que asustarla nada más, pero comenzó a defenderse. Gándara me dijo que ya no me preocupara.

Pastrana le dio un bofetón en la mejilla y el hombre respingó.

—Gándara hoy no importa. Es el otro.

—Se lo puedo decir —dijo el hombre temblando.

—Y lo harás.

Daniel González apretó los labios.

—Dicen que mañana subirá la temperatura. —Pastrana alzó la vista al techo.

—Está loco.

—Me lo dices tú a mí.

El hombre sostuvo la respiración unos segundos. El ruido que hacía la televisión de la casa contigua era claro y ronco. En cuanto soltó la respiración de alguna manera supo lo que seguiría, cerró los ojos y giró la cara buscando protección. El primer golpe lo recibió en el ojo. Destellos blancos. *Me lo va a sacar*, temió antes de recibir una batería de golpes en costillas y rostro, luego que algo tronó en la oscuridad.

Media hora más tarde, el agente Pastrana salió con sigilo de la casa de Daniel González y recorrió el mismo camino que había hecho antes hasta su auto. Kuriaki estaba afuera con los brazos cruzados.

—¿Y? —preguntó al tener al agente cerca.

Pastrana se dirigía a su auto.

—Vete a dormir Kuriaki.

—¿Qué fue lo que pasó ahí dentro?

Pastrana lo miró, abrió la puerta del auto y tomó asiento.

—Chingao —dijo Kuriaki.

Pastrana cerró la puerta. El motor dio una sacudida y arrancó.

Luis Kuriaki se quedó en medio de la calle sin entender lo sucedido. Estaba borracho. ¿Tenía que ir a casa de Daniel González y verificar por su propia cuenta? Decidió que no haría nada, todavía. Dando tumbos, se subió al auto y lo encendió. Miró la redoma de metal vacía en el asiento del copiloto. Eructó. Al encender el auto decidió ir a casa de Rossana. Era lo mejor. Con cautela se enfiló hacia allá.

A lo lejos, en el desierto, se veían los relámpagos caer contra la arena. La una de la mañana. El cielo despejado. Esa noche no moriría nadie en Ciudad Juárez, como si la cuota de muertos y maltratados hubiera sido cubierta.

Luis Kuriaki abrió los ojos. Tenía resaca y por alguna razón le dolían los nudillos de la mano derecha. Abrió y cerró el puño varias veces. Al enterarse de que estaba en casa de Rossana buscó a la periodista con la vista. Escuchó el agua de la regadera correr, se vistió despacio y se escabulló. Mientras decidía qué hacer se quedó frente a su auto un rato esperando que algo sucediera. El brillo del sol hacía que entrecerrara los ojos. Tenía la boca pastosa. El celular sonó. Era el jefe de información. Prefirió no contestar. Se subió al auto, lo encendió y se dirigió a su casa.

¿Qué había sucedido la noche anterior? Recordaba haber llamado a la puerta de Rossana. Recordaba un beso. La puerta del refrigerador abierta. Una sonrisa y una mueca de preocupación.

Hablaron algo. Él quiso irse y ella se lo impidió. Soñó con Verónica Mancera, rostro entre sombras, ojos rojos, manos tratando de tocarlo.

Sobre la calle Melquiades Alanís dio vuelta hacia el este; al cabo de unos minutos se detuvo en un Oxxo y compró un seis de cerveza Tecate y una botella de Etiqueta Negra.

Al llegar a su casa se dirigió a la cocina, y mientras colocaba las cosas sobre el desayunador se quedó inmóvil, como pensando algo. Fue a su escritorio, sacó de un cajón el par de manuscritos que tenía de su amiga muerta y los examinó. Uno de ellos, el que había recibido de Rosalba Gutiérrez, era un poco más grueso que el que había tomado de la casa de su amiga.

"Chingao", dijo Luis, abrió una botella de *whisky* y empezó a comparar los documentos.

Después de media hora de lectura entendió lo que tenía frente a él. Se trataba de la tesis de maestría de Verónica Mancera. Era más que una compilación de entrevistas de mujeres de distintos estratos sociales que sufrían maltrato intrafamiliar. Apartó el vaso y comenzó a escribir un listado con los nombres verdaderos de las entrevistadas y los cotejó con el volumen que había sacado de la casa de su amiga: Lola, Celys, María ya no eran solo palabras. Ni todo el alcohol bebido por la mañana y los días anteriores podían aminorar el horror que leía de nuevo. En cada uno de los casos la sensación ominosa de sentirse preso y dominado por el miedo en forma de puño, falo, palabra o grito era contundente.

"¿Por qué no se iban?", preguntó Luis Kuriaki al aire, recorriendo las hojas una y otra vez, subrayando y anotando en un cuaderno rojo detalles y nombres. ¿Por qué no simplemente salían de sus casas con sus hijos y no regresaban más?

Huir no era una alternativa. No para ellas. Cuando la botella de *whisky* ya mermaba y no podía leer, a punto de levantarse e irse a dormir se dio cuenta de que había un caso de estudio más en el manuscrito que le había entregado Rosalba Gutiérrez. El caso de Ariana Jiménez casada con un tal Gerardo Salas, al que se refería como G en las entrevistas.

Kuriaki se masajeó los ojos tratando de hacer a un lado la borrachera. La casa estaba fría, en algún lado del segundo piso la madera crujió. Supo que Verónica (o la esencia de ella) estaba cerca de él. Levantó la vista esperando verla, pero solo era esa sensación del aire pasando a su lado. Regresó a los papeles. En un año de entrevistas Verónica había seguido a su informante sin poder *meterse* realmente en su vida. Kuriaki entendió, luego de rumiarlo un largo rato, por qué Ariana Jiménez había salido del borrador de la tesis. Su estrato social era alto, y al final, estaba casi seguro, no había obtenido su autorización. Sintió un escalofrío y miró la ciudad por la ventana. El cielo era rojo sangre. Apenas podría dormir algo.

~

A las once de la mañana Pastrana se acercó al escritorio de Luna y le pidió que verificara la información que le había arrancado a Daniel González.

Luna lo miró y preguntó si se encontraba bien.

Pastrana dejó el papel con la información garabateada en un pedazo de papel al lado de su vieja computadora y se marchó sin decir palabra.

"Chingao", dijo Luna. Tomó el papel y lo miró un rato. Alcanzó el teléfono fijo y marcó una extensión.

—Te necesito —dijo, y colgó. A los dos minutos Mariano Leyva se encontraba a su lado.

—Necesito verificar esto —le dijo y le tendió el pedazo de papel—. Que vayas al expediente y revises todo lo que se sabe sobre este Gerardo Salas, que verifiques la dirección en persona y me llames y me cuentes lo que ves.

—Diez, cuatro.

—¿Cómo?

—Sí —respondió Mariano. Tomó el papel y se marchó.

Luna llamó a Rossana.

—¿En dónde está Kuriaki? —preguntó Luna en cuanto la periodista contestó.

—Te oyes preocupado.

—Digamos que Kuriaki debería ser el preocupado. Pastrana acaba de entregarme una información y quiere que la verifique. Seguro tiene que ver con Daniel González y Verónica Mancera.

—¿Por qué te involucra?

—Para tenerme de los huevos.

—Lo siento —dijo la periodista.

—Solo necesito saber en dónde se encuentra Kuriaki.

—Aquí no.

Colgaron.

Al mediodía, mientras la mamá de Luis Kuriaki leía las noticias del periódico, una en particular le llamó la atención. Una muy pequeña al final de la sección de nota roja. En una discoteca a una muchacha le jugaron una broma pesada y la bañaron con sangre de cerdo en medio del baile (los mismos bromistas habían matado al animal). Ella, totalmente desquiciada, incendió el lugar. La mayoría de la gente que estaba adentro murió. Todo indicaba que la muchacha sufría de maltrato por parte de su madre, una fanática religiosa, y de sus compañeros de escuela. La policía seguía investigando.

La mamá de Luis Kuriaki tomó el teléfono y comenzó a marcar el número de su vecina, pero se detuvo y colgó.

Fue a su biblioteca y buscó entre los libros. "Aquí ha de estar", dijo. Pasó el dedo índice por los títulos que tenía enfrente. Luego se hizo hacia atrás y puso los brazos en jarras.

Ahogó una risita.

~

Luna miró el reloj. Dos de la tarde. Se levantó de su lugar y fue al escritorio de Pastrana.

—Verifiqué la información de Gerardo Salas.

Pastrana lo miró sin decir nada.

—Martínez quiere que te acompañe —agregó Luna.

Pastrana se retrepó en la silla y cruzó los brazos. Una línea delgada por boca.

—Me pidió que interviniera como apoyo —explicó Luna, y también cruzó los brazos.

—No —respondió Pastrana.

—Solo como apoyo.

Pastrana se puso de pie.

—Por favor.

Pastrana tamborileó sobre el escritorio con los dedos de la mano hinchada y roja, luego tomó asiento. Una mueca que podía ser una sonrisa se le dibujó en el rostro.

Luna se pasó la mano por el cabello.

—Hay más. Gerardo Salas es gerente de calidad en una maquiladora. Está casado con Ariana Jiménez.

—No entiendo por qué me lo cuentas.

—Ella está en el hospital.

—Por su marido.

—Quizá.

Pastrana bufó.

—A las doce de la noche nos vemos.

—Doce.

—Sí.

—¿Podría ser antes?

—¿En verdad quieres que te lo explique? —preguntó Pastrana. Voz ronca y fría.

Luna chasqueó la lengua.

—Qué cosas suceden —añadió Pastrana.

—¿A qué te refieres?

—Una mujer muere y los involucrados son más de uno —dijo el agente, miró al suelo y se masajeó los ojos.

∽

Pasada las seis de la tarde la temperatura descendió hasta menos cinco grados centígrados. Nadie se lo esperaba.

Cerca de las once de la mañana la mamá de Luis Kuriaki se preparó un café negro. Cuando llevaba la mitad de la taza, vertió *whisky* en ella. Hizo a un lado el café, luego lo acercó y se lo bebió. Llamó a Carmen, su vecina.

—¿Ya vio el periódico?

—Hoy no.

—Eso es mejor.

—¿Qué sucedió?

—Nada importante.

—¿Nada de nada?

—Nada.

~

Durante la tarde Mariano Leyva no se movió de enfrente de la casa de Gerardo Salas. Había visto al sospechoso salir por la mañana y un poco preocupado porque no regresaba llamó al agente Luna.

—¿Lo sigo?

—No te muevas de ahí.

—¿Si lo perdemos?

—No te muevas, Leyva —le espetó Luna. Solo así se calmó.

Media hora después de colgar, Gerardo Salas estaba de regreso con una bolsa de McDonald's.

Por lo que había investigado, la casa se encontraba vacía. La mujer de Gerardo Salas seguía en el hospital y los dos hijos vivían en El Paso, Texas.

Mientras observaba la casa sacó su celular y marcó un teléfono.

—¿Qué nueva teoría tienes ahora? —le preguntó el policía Jacinto Vargas en Tuxtla Gutiérrez en cuanto entró la llamada.

—Ninguna nueva.

—¿Todavía piensas que los tres murieron a manos del director de vestuario?

—Sí.

—Pero los tiempos no casan.

—Algo se nos está pasando.

—No sé.

—Yo creo que sí sabes.

—La verdad es que no sé.

—Te entiendo Mariano —dijo Jacinto Vargas, y agregó—: La próxima semana voy a la Ciudad de México a revisar las notas de advertencia que recibió Javier Solís para comparar la tipografía; quizá pueda hacer lo mismo con las de Infante y Negrete.

—Buena suerte.

—Gracias.

Rossana Rodríguez miró la tarde caer desde su cubículo. El cielo se tornó primero naranja, luego rojo intenso y de alguna parte un tono turquesa cubrió el final del ocaso.

En ese momento apareció Luis Kuriaki en el umbral de la puerta.

—¿Y ahora de qué color son? —preguntó él.

—Como la última vez, ahora los dejé en casa. Qué milagro que te apareces.

—Vine a regresar el cheque.

—Pero el jefe no se encuentra.

—Lo sé.

Kuriaki señaló una rosa al lado del monitor de la computadora.

—¿Ya sabes quién es?

—No, pero lo encontraré pronto. Te ves muy ojeroso.

—Estoy bien.

—En la mañana te fuiste sin decir nada.

—Tengo que terminar con este asunto de Verónica Mancera.

—Antes de que termine contigo.

—Sí.

—No es bueno que involucres a Pastrana. ¿Cuántas cervezas llevas hoy?

—Digamos que en comparación con ayer, hoy estoy sobrio.

—Pinche Luis.

—Pinche Rossana.

—¿Qué sigue?

Luis se encogió de hombros.

—Te conozco.

—Creo que ya sé quién asesinó a Verónica Mancera.

—Te refieres a Daniel González.

—Me refiero al verdadero asesino.

—Cuéntame.

—Tengo dos versiones del manuscrito de Verónica sobre violencia de género e intrafamiliar. En uno de ellos, los nombres de las mujeres entrevistadas y sus esposos vienen sin apellido o con nombres falsos. En el otro aparecen con sus nombres reales y direcciones.

—¿Y eso a qué te lleva?

—Solo un par de entrevistas no aparecen en uno de ellos.

—Eso no te da al asesino, Luis.

—Yo digo que es una pista.

—Quizá no aparezcan en el libro porque no estaba terminado aún.

—Quizá.

—¿Entonces?

—Los encontraré y te diré lo que sigue.

—No te puedo dejar ir.

—¿Te veo en la noche?

—Cada día hablas más como Pastrana.

—No me digas eso.

—Estoy caliente. Vamos ahora mismo a casa.

—Hoy se arregla esto, verás.

—Pinche Luis.

—Pinche Rossana.

La tarde transcurrió tranquila. Después de la vigilancia obligatoria en el Parque El Chamizal en busca del violador, Luna llevó a Pastrana a su auto y de ahí se enfiló a casa de Sonia Torres. Se estacionó a unos metros de ella y estuvo pendiente de lo que sucedía. La casa estaba a oscuras, excepto por una luz que se filtraba por la ventanilla del baño en el segundo piso.

Se quedó ahí unos minutos, luego llamó a Sonia Torres a su celular.

No hubo respuesta.

Presintiendo algo, sin pensarlo mucho marcó el celular del agente Taverna.

—¿Para qué soy bueno? —respondió este último al segundo tono.

—Para muchas cosas.

—Dime.

—¿Qué tan factible es que ataquen de nuevo a Sonia Torres?

—Esto es como la viruela, es muy difícil que te vuelva a dar.

—¿Y eso?

—Estadística.

—¿Estás preocupado por ella? Cuidado, Luna.

—¿Cómo está el Zurdo Mendieta?

—Mejor. Ya las aguas están tranquilas de nuevo. El Zurdo regresó a casa y la vida sigue su marcha. Excepto para Botello.

—¿Qué pasó?

—Disparo en el muslo izquierdo en un rescate por Monterrey.

—Me lo saludas.

—Te *guacho*. Luego de cenar me voy a buscar al nieto de un narquillo venido a menos.

—¿Y eso?

—Favores, Luna.

—Te mando un saludo.

—No te preocupes por tu novia, ella está bien.

—No chingues, Taverna.

Pero Taverna ya había colgado.

Luna miró el reloj. Podría ir con calma a cenar algo, luego iría a reunirse con Leyva a la casa de Gerardo Salas para revisar los pormenores.

El mago Bazán recibió una llamada de Quiñónez.

—¿Qué onda, maguito?, no te pierdas.

—No me pierdo.

—¿Cuándo vienes?

—Cuando me lo pidas.

—Hoy mismo, maguito, ven por la noche.

Algo en la voz de Quiñónez no le agradó.

—Excepto hoy.

—¿Y eso?

—Mi madre está enferma.

—Mi madre también está enferma y uno tiene que trabajar.

—Sí.

—Entonces aquí te espero.

El mago se enjugó el sudor de la frente.

—Sí —dijo, y cuando colgó temblaba.

Miró la casa vacía de su vecina.

"Pinche Rossana", dijo en voz alta. Se sentó en la orilla de la cama y tuvo una idea. Antes de salir de casa oteó hacia ambos lado de la calle, con cuidado subió al auto y lo encendió. Aterrado lo sacó de la cochera y se dirigió hacia el Puente Internacional Córdova. Cruzaría para ir a quedarse unos días con su hermana que vivía del otro lado.

"Pinche Rossana", dijo cuando llegó a la fila de autos para cruzar. Esperaba hacerlo en no menos de cincuenta minutos. Barajó las otras alternativas de puentes para cruzar, pero ya estaba ahí. Quizá todo saliera bien después de todo.

El agente Julio Pastrana, luego de cenar unas flautas en El Cometa de la avenida Insurgentes se subió al auto. Se quedó ahí un segundo antes de recibir la llamada de Luis Kuriaki.

El agente contestó.

—Sé quién puede ser el asesino de Verónica Mancera.

Pastrana colgó.

Luego recibió un mensaje de texto.

"Sé que usted sabe quién es el asesino intelectual".

Pastrana contuvo la respiración un segundo.

"Usted busca a un Gerardo Salas", decía el nuevo mensaje.

Pastrana cerró los ojos y pensó en el verde saturado y la lluvia constante de Xalapa. Luego recibió un nuevo mensaje: "Adonde vaya lo sigo".

Pastrana apretó el volante hasta hacerlo rechinar y con un movimiento del cuello se tronó los huesos. Un robot que se encendía.

Una máquina recalibrándose.

"Chingao", dijo.

Miró el techo oscuro de su auto, luego giró la llave y el motor respondió. Por el retrovisor, y a unos metros de él, distinguió el auto de Luis Kuriaki. Tomó aire. El frío llenó sus pulmones. Su cuerpo resistía, excepto los ojos, siempre protegidos con lentes negros. Tenía seis años viviendo en Ciudad Juárez y cuarenta y siete de edad y sus músculos eran inmunes al invierno, pero el aire calaba como alfileres en el iris.

Puso el auto en marcha. El agente Álvaro Luna los esperaba cerca del hipódromo. Apretó el volante hasta que el rechinido de su piel contra la espuma dolió. Una máquina manejando a otra.

~

Apenas seis meses atrás, para desviar la atención que Pastrana estaba provocando por golpear a los delincuentes más de la cuenta (huesos dislocados, costillas rotas), el comandante Martínez lo había dejado fuera de circulación, anunciando a la prensa que iba a ser reasignado a otra área, pero al terminar el mes regresó a su antiguo escritorio.

El agente había golpeado a Daniel González, el asesino de Verónica Mancera, hasta obtener el nombre y la dirección del tipo que lo había contratado para amenazarla; batalló, pero era algo que tenía que suceder; cuando comenzó a golpear la rodilla izquierda y la parte baja de la espalda el hombre cantó. Luego la dirección fue confirmada por el agente Álvaro Luna.

∿

—Pinche frío —dijo en voz alta el agente Álvaro Luna con las manos enterradas en los bolsillos del pantalón. El frío los había sorprendido a todos. Luces de colores destellaban en su pelo relamido y engominado. Era *fan* de la música de los ochenta y de alguna manera el cabello peinado hacia atrás con demasiado gel era un tributo a esos años.

—¿Quiere un café? —le preguntó Mariano.

El agente Luna lo miró de soslayo. Una taza abombada y un popote de metal en su mano derecha llamaron su atención. —¿Qué estás tomando?

—Mate.

—¿En serio?

Mariano bajó la matera.

—Chingao —dijo Álvaro Luna.

A diferencia de Luna, quizá el más bajo de estatura de los policías en activo, Mariano Leyva, su subordinado, era alto y delgado y buen policía. Solo se quedaba con una mínima parte del dinero que recababan para el teniente Martínez. Y entre sus hazañas se podía contar que había impedido un asalto en el Oxxo cerca de su casa al entrar por una botella de Jack Daniel's, y que había ayudado a dar con el ladrón de dos Beagles en la colonia El Futuro, todo por seguir el rastro de una bolsa rota de comida Pedigree en el suelo.

Justo cuando Álvaro Luna reconsideraba la taza de café, el auto del agente Pastrana se acercó y se estacionó a unos metros de su Golf azul.

—Pinche Mariano —dijo sin sentido alguno, y vio cómo Pastrana descendía del auto. Para su tamaño parecía un tanque, como si fuera una ilusión óptica. No concordaba lo pequeño que era con la vitalidad (¿esa era la palabra justa?) que irradiaba. Piel morena y apretada. Una línea de alcancía por boca... los lentes negros... esos lentes tan innecesarios a esa hora de la noche. Suspiró y dejó que se acercara.

—Todo en orden —dijo, y se arrepintió. ¿Qué era eso de "todo en orden"?

Pastrana giró la cabeza unos grados y levantó la mano derecha en forma de saludo.

—¿Estás seguro de esto, Pastrana?

El agente lo miró. Sabía que Luna estaba ahí porque el teniente Martínez se lo había pedido.

Golpear a unos cuantos sospechosos no importaba, pero el noventa y cinco por ciento de los sospechosos de Pastrana podían decir algo al respecto.

—Si quieres entramos nosotros —agregó, aunque en realidad a él le hubiera encantado estar en casa dormido. Miró el reloj.

Pastrana tomó aire y exhaló vapor de locomotora antigua.

—Estás seguro de que es aquí.

—¿Me estás preguntando?

—Sí.

—Totalmente seguro —dijo, y miró la casa—. Hasta en las mejores familias —agregó. Se refería al lugar: no era una colonia del centro, no era una casa de adobe o con techo de lámina. Era una casa de una familia acomodada. En la entrada había dos autos japoneses de modelo reciente.

—Las habas —dijo Pastrana sin moverse, cual figura de bronce.

—¿Cómo dices?

—Eso de las habas, en todos lados se cuecen.

Mariano se acercó y antes de que abriera la boca para ofrecerle algo de café, Pastrana se volteó hacia él y dijo que no quería nada.

Pastrana le devolvió la mirada a Luna. —No se va a repetir lo de hace unas semanas —dijo, y levantó su puño derecho. La mano parecía más hinchada.

—Eso fue error de un amigo.

El amigo al que se refería era un informante. Ya hablaría con él.

Un par de semanas atrás, Luna llegó a la casa de un sospechoso, pero en su lugar se encontró con cuatro tipos más. Habrían muerto si Pastrana no hubiera entrado con toda su furia a golpear con la culata de su pistola a uno de ellos. Fue tan duro que los demás bajaron sus armas. Según ellos, el molido parecía un estropajo en el suelo de un baño público.

Pastrana apretó el puño derecho. Luna se percató de que urgía que lo viera un médico.

—Vamos a entrar —dijo Álvaro Luna.

—Ustedes no —los detuvo Pastrana. Sus manos eran enormes.

Luego miró los alrededores para así anclar la vista en la casa que tenía enfrente, con las luces apagadas y una puerta oscura de caoba.

—No importa, digamos que te debo una y ahora es tiempo de que te relajes.

—Martínez quiere que esto se haga distinto.

—Y se hará.

—No me entiendes.

—No me entiendes tú a mí —gruñó Pastrana.

Luna se quedó callado. Tenía los músculos entumecidos. Sopesó al agente Pastrana y miró los ladrillos que tenía por manos. Al menos haría el intento de detenerlo.

Pastrana pareció intuir algo, porque de inmediato contuvo la respiración y su pecho se llenó de aire.

—Pero si hay dinero adentro debemos llevarle su parte al teniente… —dijo Mariano, adelantándose a lo que podría suceder y tratando de destensar la situación.

—El dinero no me preocupa —contestó Pastrana, y se relajó. Cerró los ojos. En ese momento se sintió en Xalapa, donde había vivido tanto tiempo con su prima y su tía. Pudo sentir el verde fluorescente de los árboles, el pasto, los jardines con rosas, no tan enormes como cuando floreaban en Ciudad Juárez, pero rosas a fin de cuentas.

El sonido de un auto lo sacó del trance.

—¿Ya viste quién es? —preguntó Luna.

—Sí —contestó Pastrana.

Era Luis Kuriaki.

—Son demasiados los involucrados, mejor entramos nosotros.

Pastrana lo miró de reojo desaprobando la idea.

Luis Kuriaki se apeó del auto y mostró innecesariamente su credencial de periodista. Por Kuriaki estaban ahí.

—Si usted me dice, yo entro —dijo Mariano escondiendo la matera detrás de él.

—Chingao —se oyó decir Pastrana. Luna apretó un puño dentro de la gabardina.

—¿Quién está en la casa? —preguntó Pastrana sin ninguna inflexión, como si un robot hubiera hablado.

—Solo él, la esposa sigue en el hospital.

Justo cuando Luis se plantaba a su lado, el agente tomó aire, se masajeó los ojos bajo los lentes y sin más caminó hacia la casa.

Kuriaki, Luna y Leyva vieron cómo aquel tanque en forma de hombre llegaba a la puerta de caoba mientras se iba calando unos guantes negros. Esos guantes que siempre utilizaba para tales menesteres.

—¿Cómo está Rossana? —le preguntó Luna a Kuriaki.

—Bien —dijo, sin despegar la mirada de enfrente.

Pastrana desapareció en la boca de aquella casa.

Desde ahí oyeron ruidos amortiguados, quizá cosas que se caían al suelo, algún mueble que se interponía en el camino. Una luz en el segundo piso se encendió para de inmediato apagarse.

—Me alegro —dijo Luna. Oteando alrededor.

Kuriaki no respondió nada y contuvo la respiración al tiempo que algo dentro de la casa, quizá vidrio o porcelana, se rompía.

Luego fue un grito ahogado. Uno solo, apenas perceptible desde donde se encontraban. A Kuriaki se le puso la piel de gallina.

Mariano Leyva sorbió un poco de mate. De la matera salía un hilo de vapor y daba la impresión de estar fumando una pipa.

—Está cabrón —dijo Kuriaki.

—Miren —dijo Luna, mientras Pastrana salía de entre las sombras de la casa; se iba sobando la mano derecha y avanzaba hacia su auto. Sin mirarlos, se metió en él, lo encendió y se retiró.

Nadie dijo nada hasta que las luces traseras desaparecieron en una de las esquinas al dar vuelta.

Kuriaki observó las casas de los vecinos. El mundo estaba en calma. Pronto amanecería. Los niños harían el trayecto de su casa a la escuela como todos los días. Mujeres y hombres se trasladarían a sus trabajos.

—¿Eso fue todo? —preguntó.

—¿No vas a entrar para las fotos? —agregó Luna.

—Sí —contestó Kuriaki, pero no se movió. Estaba seguro de lo que iba a encontrar ahí dentro. Haría el mismo recorrido que había hecho Pastrana: subiría las escaleras y encontraría a aquel tipo en su recámara, inmóvil y ensangrentado, respirando con dificultad y una nota de suicidio a su lado, como lo habían acordado horas antes. El haberle roto las costillas a su mujer y haber amedrentado a la socióloga hasta la muerte no lo dejaba dormir. Lo sentía mucho. Adiós mundo cruel. Pero Gerardo Salas no moriría... Un intento fallido, al menos esa noche.

¿Quién se podría creer todo eso? ¿Importaba? Era algo para reírse a carcajadas y para vomitar al mismo tiempo.

~

Ya en casa Kuriaki vio salir el sol y se quedó dormido con la calefacción puesta al máximo y un caballito de *whisky* en la mano. Dos minutos después, con un sobresalto se despertó. Aún escuchaba el grito ahogado de horas antes. Luego fue la imagen del cuerpo retorcido de una manera horrible sobre la cama. Se le revolvió el estómago y las manos le temblaron. Por alguna razón desconocida los nudillos le dolían. Él había tenido que ver con aquello. Al saberse culpable, de alguna manera descansó. Quizá no volvería a ver a Rossana, no podría ocultar su cara de monstruo.

Ella nunca sabría lo que acababa de ocurrir, pensó, y de un sorbo vació el vasito de *whisky*. Quizá tampoco buscaría al agente Pastrana.

"Quizá", dijo en voz alta. "¿Estás ahí?", preguntó, y pasó la mano por el muro. De alguna manera se sentía relajado. "¿Verónica?", preguntó al aire, y supo que nuevamente se encontraba solo.

Bostezó. Necesitaba dormir un poco para luego entregar las fotos y la nota al periódico. Lo demás se resolvería de una u otra manera. El agua tibia del sueño lo fue cubriendo lentamente.

Julio Pastrana entró en la oficina y fue hasta su escritorio. Redactó un escueto reporte de lo ocurrido la noche anterior. Lo imprimió en una vieja impresora de punto. Lo engrapó en un fólder rojo. Lo colocó en el archivero. Caminó hasta el lugar del agente Gándara, se plantó frente a él y cruzó los brazos. La mano derecha en rojo y morado, inflamada.

Gándara levantó la vista.

—Dime —dijo.

Pastrana le contestó con una mirada aguda. El pecho apenas si se movía.

Gándara entendió. La pequeña sonrisa que tenía en el rostro se le desdibujó.

—Dime, Pastrana —repitió, se despegó del respaldo de la silla y se enjugó el sudor del bigote.

El celular de Pastrana sonó. Sin despegar la mirada de Gándara lo sacó del bolsillo trasero del pantalón y contestó.

—Sí.

—Ya encontramos al violador —dijo Victoria Aguilera.

Pastrana se alejó de Gándara.

—Te mando la información en un mensaje.

—Gracias.

—Tenía un cómplice.

—Eso imaginé.

—¿Te digo el nombre del violador?

Pastrana esperó.

—Se llama Gabilondo Solares.

—Como el cantante.

—Casi.

—¿Vendrás por la noche?

—Sí —dijo. Colgó en el momento en que se acercaba al escritorio del agente Luna, olvidándose de Gándara.

—Tenemos al violador —le dijo.

Luna se levantó y se pasó las manos por el pantalón de mezclilla.

—¿Le avisamos a Ruth Romo?

Pastrana apenas movió la cabeza.

—Vamos, pues —dijo Luna, y marcó una extensión—. Sube —dijo en cuanto le respondieron del otro lado y colgó.

Cerca de la puerta los alcanzó Mariano Leyva.

—¿Qué sucede? —preguntó poniéndose un saco negro.

—Esto te va a agradar —respondió Luna.

—Diez, cuatro.

Pastrana refunfuñó y abrió la puerta principal del Semefo. El clima a esa hora era agradable, pero no duraría. Pronto llegaría la primera tormenta de arena, golpearía las paredes de las iglesias, los espectaculares y las escuelas.

Algo respondió Leyva, pero fue ignorado por los demás.

—¿En tu carro o en el mío? —preguntó Luna, aunque supo la respuesta al ver que se dirigían al auto de Pastrana—. ¿Tendrás el estómago Leyva?

—Sí, señor —respondió Leyva.

—Deberías revisarte esa mano, Pastrana —agregó Luna.

Pastrana respondió subiéndose al auto.

Luna ocupó el asiento del copiloto. El cielo era de un azul limpio. Hacia el norte, sobre El Paso, Texas, un par de nubes fantasmales parecían haberse estancado alrededor de la montaña Franklin. Luna sonrió. —Qué chingaos —dijo, sacó el celular y escribió: "Hoy caerá un violador". Lo envió a Rossana Rodríguez.

A los pocos segundos recibió un mensaje de respuesta.

"Gracias".

Pastrana encendió el auto, el motor rugió y Luna tamborileó con ambas manos sobre la guantera.

Ya verás, Leyva —dijo con entusiasmo.

El auto avanzó hacia el oeste de la ciudad.

Printed in the USA
CPSIA information can be obtained
at www.ICGtesting.com
JSHW030034040823
45943JS00007B/249

9 781400 245239